최신 개정사항 완벽반영

5일만에 끝내는
제인의
TOEIC Speaking
콤보북 토스 스타터

IM

토익스피킹 초보자를 위한 만능 템플릿 모음집!
정말 쉬운 만능템으로 영알못도 5일만에 토스 독학 끝!

 +  +  +

만능 템플릿 콤보 　 자동으로 암기되는 예제 　 템플릿 쉐도잉 영상 　 문제+답변 음원

TEACHER K

교재 학습자료 이용방법

1. 티처케이 홈페이지(https://teacherk.kr)에 접속 후 로그인 해주세요.
2. [교재 → 학습자료다운로드]에서 구매하신 상품을 클릭해주세요.
3. 게시글의 안내에 따라 아래 쿠폰코드를 입력해주세요.
4. MY PAGE-나의 강좌에서 학습자료를 바로 이용하실 수 있습니다.

쿠폰 코드   **ZJPBBBNQ**

토익스피킹 무료 학습

▶ YouTube 제인TV-토익스피킹

바로가기 http://www.youtube.com/channel/UCM3tLoZlCNMfrAkfB-OAq1g

- 핵심 템플릿 암기 및 테스트 영상
- 파트 별 이론 강의
- 기출문제 풀이
- 시험 총평
- 독학 공부방법

토익스피킹 대표 커뮤니티

NAVER 제인토스카페

바로가기 http://cafe.naver.com/haiernet

- 토익스피킹 시험 후기
- 토익스피킹 디스커션+첨삭
- 유튜브 라이브 수업 자료
- 레벨 별 답안 듣기
- 토스 정보/소통

Contents

Intro
이 책의 특장점   04p
학습 플랜   05p

지문 읽기 Read a text a loud (Q1-2)
파트의 특성   09p
발음/강세를 자주를 틀리는 단어 Top 100   10p

사진 묘사하기 Describe a Picture (Q3-4)
파트의 특성   15p
답변 구성 전략   16p
사진 묘사 핵심 템플릿   17p
빈출 유형 문제   22p
Practice   32p

질문에 답하기 Respond to Questions (Q5-7)
파트의 특성   45p
의문사 템플릿   46p
Practice   47p
짧은 이유 템플릿   52p
Practice   54p
긴 이유 템플릿   58p
Practice   72p

표 보고 질문에 답하기 Respond to Questions Using Information Provided (Q8-10)
파트의 특성   89p
표 보고 질문에 답하기 템플릿 & Practice   90p

의견 말하기 Express an Opinion (Q11)
파트의 특성   101p
답변 구성 전략   102p
형용사 템플릿 Top 80   103p
의견 말하기 템플릿   105p
Practice   125p

이 책의 특장점

✓ Easy!!
- 토익스피킹 콤보북에 수록된 템플릿을 쉽고 간단하게 줄여서 본 교재에 수록하였습니다.
- 핵심 어휘와 의미는 유지하되, 최대한 간단한 문장구조를 사용하여 초보자도 쉽게 암기할 수 있습니다.

✓ Fast!!
- 형식적인 이론은 배제하고, 실전대비 학습에 필요한 템플릿과 예제만을 수록하여, 빠르게 목표달성이 가능합니다.
- 빈출문제 템플릿을 주제 별로 분류 및 그룹핑 하여 수록했기 때문에 별도로 교재를 요약 정리하실 필요가 없습니다.

✓ Continue!!
- 본 교재의 템플릿은 토익스피킹 콤보북 템플릿의 요약 버전이므로, 콤보북과 자연스럽게 다음 단계 학습이 연계가 됩니다.
- 본 교재를 마스터하신 후 콤보북으로 이어서 학습을 진행하시면, 영어 말하기 기초가 약하신 분들도 고득점용 템플릿을 쉽게 체화 하실 수 있습니다.

✓ Goal Achieved!!
- 쉽고 정제된 템플릿만 수록했기 때문에, 누구나 빠르게 IM 등급을 취득하실 수 있습니다.
- 기본기를 다져 놓은 상태에서 콤보북 템플릿 풀버전을 공부하시면, 영어 말하기에 어려움을 느끼시는 분들도 더 수월하게 고득점 달성이 가능합니다.

학습플랜

5일완성 플랜

✅ 추천대상

5일 동안 토익스피킹 공부에 집중하여 빠르게 학습을 끝내고 싶으신 수험생을 위한 학습 플랜입니다.

Day 1	Day 2	Day 3	Day 4	Day 5
지문읽기 (Q1,2) • 어려운 단어 사진묘사 (Q3,4) • 템플릿 암기 • 예제 연습	질문에 답하기 (Q5-7) • 템플릿 암기	질문에 답하기 (Q5-7) • 예제 연습 표 보고 답하기 (Q8-10) • 템플릿 암기 • 예제 연습	의견 말하기 (Q11) • 템플릿 암기	의견 말하기 (Q11) • 예제 연습 1-5일차 학습 총 복습

✅ 하루 추천 학습 시간

7hr+

핵심 학습 전략 1. 2일차부터 학습량이 많으니, 1일차 학습은 해당일에 완벽히 끝내 주세요.

핵심 학습 전략 2. 템플릿 암기 진행 시, 한 개를 완벽하게 하고 넘어가기 보다는 전체를 여러 번 반복학습 하시는 것을 추천 드립니다.

핵심 학습 전략 3. 단기 학습플랜이므로, 5일 동안 토스 공부에 최대한 집중해 주세요.

10일완성 플랜

✓ **추천대상**

학업, 업무 등을 병행하지만 최대한 몰입해서 단기에 학습을 끝내고 싶으신 수험생을 위한 학습 플랜입니다.

Day 1	Day 2	Day 3	Day 4	Day 5
지문읽기 (Q1,2) • 어려운 단어	사진묘사 (Q3,4) • 템플릿 암기	사진묘사 (Q3,4) • 예제 연습	질문에 답하기 (Q5-7) • 템플릿 암기	질문에 답하기 (Q5-7) • 템플릿 암기

Day 6	Day 7	Day 8	Day 9	Day 10
질문에 답하기 (Q5-7) • 예제 연습	표 보고 답하기 (Q8-10) • 템플릿 암기 • 예제 연습	의견 말하기 (Q11) • 템플릿 암기	의견 말하기 (Q11) • 템플릿 암기	의견 말하기 (Q11) • 예제 연습 1-10일차 학습 총 복습

✓ **하루 추천 학습 시간**

4hr+

핵심 학습 전략 1. 4일차부터 학습량이 많으니, 1~3일차 학습은 해당일에 완벽히 끝내 주세요.
핵심 학습 전략 2. 템플릿 암기 진행 시, 한 개를 완벽하게 하고 넘어가기 보다는 전체를 여러 번 반복학습 하시는 것을 추천 드립니다.
핵심 학습 전략 3. 단기 학습플랜이므로, 10일 동안 토스 공부에 최대한 집중해 주세요.

20일완성 플랜

✓ 추천대상
하루 학습 시간이 많지 않고, 차근차근 꾸준히 학습하는 것을 선호하시는 수험생을 위한 학습 플랜입니다.

Day 1	Day 2	Day 3	Day 4	Day 5
지문읽기 (Q1,2) • 어려운 단어	사진묘사 (Q3,4) • 템플릿 암기	사진묘사 (Q3,4) -템플릿 암기	사진묘사 (Q3,4) -예제 연습	질문에 답하기 (Q5-7) -템플릿 암기
Day 6	**Day 7**	**Day 8**	**Day 9**	**Day 10**
질문에 답하기 (Q5-7) -템플릿 암기	질문에 답하기 (Q5-7) -템플릿 암기	질문에 답하기 (Q5-7) -예제 연습	질문에 답하기 (Q5-7) -예제 연습	표 보고 답하기 (Q8-10) -템플릿 암기
Day 11	**Day 12**	**Day 13**	**Day 14**	**Day 15**
표 보고 답하기 (Q8-10) -예제 연습	의견 말하기 (Q11) -템플릿 암기	의견 말하기 (Q11) -템플릿 암기	의견 말하기 (Q11) -템플릿 암기	의견 말하기 (Q11) -템플릿 암기
Day 16	**Day 17**	**Day 18**	**Day 19**	**Day 20**
의견 말하기 (Q11) -예제 연습	의견 말하기 (Q11) -예제 연습	의견 말하기 (Q11) -예제 연습	의견 말하기 (Q11) -예제 연습	1-19일차 학습 총 복습

✓ 하루 추천 학습 시간

2hr+

핵심 학습 전략 1. 단기 학습플랜 대비 학습과정에서 동기가 약해지기 쉽습니다. 매일 정해진 학습량을 반드시 완료해 주세요.

핵심 학습 전략 2. 템플릿 암기가 50%를 차지하는 학습플랜이라, 효율적인 암기가 필수입니다. 계속 반복해서 템플릿을 보고 읽기 보다는, 템플릿을 안 보고도 유창하게 발화할 수 있도록 연습해 주세요.

핵심 학습 전략 3. 어려웠던 템플릿과 예제는 반드시 표시해둔 후, 시험 전 복습해 주세요.

지문읽기
Read a Text Aloud

Question 1-2

파트의 특성
Read a Text Aloud (Q1,2)

✅ 시험 기본정보

문항 번호	문제 유형	준비 시간	답변 시간	평가 기준	채점용 점수
Q1~2	지문 읽기 Read a text aloud	각 45초	각 45초	발음, 억양 및 강세	3점 만점

✅ ETS 평가기준

발음

3점	사소한 실수나 타 언어(모국어)의 영향이 있을 수 있으나 알아듣기가 아주 용이하다.
2점	간혹 실수나 타 언어(모국어)의 영향이 있을 수 있으나 알아듣기가 대체적으로 용이하다.
1점	가끔 알아들을 수 있지만 타 언어의 영향이 커서 지문을 적절하게 전달하는데 어려움이 있다.
0점	무응답이거나 영어로 읽지 않으며, 읽는다 하더라도 지문과 연관성이 전혀 없다.

억양/강세

3점	강세(stress), 끊어 읽기 (pause), 억양 (intonation)이 적절하다.
2점	강세(stress), 끊어 읽기 (pause), 억양 (intonation)이 적절한 편이나 약간의 실수가 있고, 타 언어의 영향을 약간 받는다.
1점	강세(stress), 끊어 읽기 (pause), 억양 (intonation)이 적절하지 못하며, 타 언어의 영향을 심하게 받는다.
0점	무응답이거나 영어로 읽지 않으며, 읽는다 하더라도 지문과 연관성이 전혀 없다.

발음/강세를 자주 틀리는 단어 Top 100

#	단어	뜻	발음기호
1	Assistant	조수	[əˈsɪstənt]
2	Achievement	성취	[əˈtʃiːvmənt]
3	Acquainted	알고 있는	[əˈkweɪntɪd]
4	Affordable	가격이 알맞은	[əˈfɔːrdəbl]
5	Afterward	나중에	[ˈæftərwərd]
6	Alternative	대안	[ɔːlˈtɜːrnətɪv]
7	Ancient	고대의	[ˈeɪnʃənt]
8	Approachable	접근하기 쉬운	[əˈproʊtʃəbl]
9	Appropriate	적절한	[əˈproʊprieɪt]
10	Atmosphere	대기, 장소, 분위기	[ˈætməsfɪr]
11	Attendant	안내자	[əˈtendənt]
12	Automotive	자동차	[ˌɔːtəˈmoʊtɪv]
13	Available	이용할 수 있는	[əˈveɪləbl]
14	Beach	해변	[biːtʃ]
15	Breeze	산들바람	[briːz]
16	Briefcase	서류가방	[ˈbriːfkeɪs]
17	Buffet	뷔페	[bəˈfeɪ]
18	Bulldozer	불도저	[ˈbʊldoʊzə(r)]
19	Celebration	기념행사	[ˌselɪˈbreɪʃn]
20	Complimentary	칭찬하는	[ˌkɑːmplɪˈmentri]
21	Concentrate	집중하다	[ˈkɑːnsntreɪt]
22	Conference	회의, 학회	[ˈkɑːnfərəns]
23	Congestion	혼잡	[kənˈdʒestʃən]
24	Construction	건설	[kənˈstrʌkʃn]
25	Contribute	기부하다	[kənˈtrɪbjuːt]

#	단어	뜻	발음기호
26	Council	(지방 자치 단체의) 의회	[ˈkaʊnsl]
27	Development	발달, 성장	[dɪˈveləpmənt]
28	Differentiate	차별화시키다	[ˌdɪfəˈrenʃieɪt]
29	Discuss	상의하다	[dɪˈskʌs]
30	Earliest	가장 이른	[ˈɜːrliɪst]
31	Efficient	효율적인	[ɪˈfɪʃnt]
32	Encourage	격려하다	[ɪnˈkɜːrɪdʒ]
33	Energetic	활동적인	[ˌenərˈdʒetɪk]
34	Environmental	환경의	[ɪnˌvaɪrənˈmentl]
35	Equipment	장비	[ɪˈkwɪpmənt]
36	Especially	특히	[ɪˈspeʃəli]
37	Frequently	자주	[ˈfriːkwəntli]
38	Frustrating	불만스러운	[ˈfrʌstreɪtɪŋ]
39	Flourishing	(아이들이) 잘 성장하는	[ˈflɜːrɪʃɪŋ]
40	Further	더 이상의, 추가의	[ˈfɜːrðə(r)]
41	Gratifying	기쁜, 흐뭇한	[ˈɡrætɪfaɪɪŋ]
42	Influence	영향	[ˈɪnfluəns]
43	Informative	유익한	[ɪnˈfɔːrmətɪv]
44	Ingredient	재료	[ɪnˈɡriːdiənt]
45	Instructor	강사	[ɪnˈstrʌktə(r)]
46	Instrument	기구	[ˈɪnstrəmənt]
47	Intelligent	총명한, 똑똑한	[ɪnˈtelɪdʒənt]
48	Intermission	중간 휴식시간	[ˌɪntərˈmɪʃn]
49	Journal	신문, 저널	[ˈdʒɜːrnl]
50	Library	도서관	[ˈlaɪbreri]

#	단어	뜻	발음기호
51	Lightweight	가벼운	[ˈlaɪtweɪt]
52	Literary	문학의	[ˈlɪtəreri]
53	Motivate	동기를 부여하다	[ˈmoʊtɪveɪt]
54	Organic	유기농의	[ɔːrˈgænɪk]
55	Participate	참여하다	[pɑːrˈtɪsɪpeɪt]
56	Portrait	초상화	[ˈpɔːrtrət]
57	Practical	실용적인	[ˈpræktɪkl]
58	Presenter	진행자, 발표자	[prɪˈzentə(r)]
59	Productivity	생산성	[ˌproʊdʌkˈtɪvəti]
60	Professional	전문적인	[prəˈfeʃənl]
61	Proficient	능숙한	[prəˈfɪʃnt]
62	Proposal	제안	[prəˈpoʊzl]
63	Preferable	더 나은, 선호되는	[ˈprefrəbl]
64	Purchase	구입, 구매(하다)	[ˈpɜːrtʃəs]
65	Questionnaire	설문지	[ˌkwestʃəˈner]
66	Receiver	수신기	[rɪˈsiːvə(r)]
67	Recognize	알아보다	[ˈrekəgnaɪz]
68	Referral	소개, 위탁	[rɪˈfɜːrəl]
69	Refreshing	기분전환이 되는	[rɪˈfreʃɪŋ]
70	Regulation	규정	[ˌregjuˈleɪʃn]
71	Relatively	상대적으로	[ˈrelətɪvli]
72	Release	발매, 출시	[rɪˈliːs]
73	Renovation	수선, 수리, 혁신	[ˌrenəˈveɪʃən]
74	Representative	대표, 대표하는	[ˌreprɪˈzentətɪv]
75	Reservation	예약	[ˌrezərˈveɪʃn]

#	단어	뜻	발음기호
76	Resource	자원	[lriːsɔːrsː]
77	Risk	위험(요소)	[rɪsk]
78	Rummage	뒤지다	[ˈrʌmɪdʒ]
79	Satisfaction	만족	[ˌsætɪsˈfækʃn]
80	Scented	향기로운	[ˈsentɪd]
81	Scientific	과학적인	[ˌsaɪənˈtɪfɪk]
82	Sculpture	조각	[ˈskʌlptʃə(r)]
83	Security	보안, 경비, 안보	[səlkjʊrəti]
84	Seminar	세미나	[ˈsemɪnɑː(r)]
85	Significantly	상당히	[sɪgˈnɪfɪkəntli]
86	Smooth	매끄러운	[smuːð]
87	Specifically	구체적으로	[spəˈsɪfɪkli]
88	Strategy	계획, 전략	[ˈstrætədʒi]
89	Survey	조사	[ˈsɜːrveɪ]
90	Tasty	맛있는	[ˈteɪsti]
91	Temperature	온도	[ltemprətʃə(r)]
92	Theater	극장	[θíːətər, θíə-]
93	Thicken	걸쭉해지다	[ˈθɪkən]
94	Transportation	수송, 이동(방법)	[ltrænspɔːrlteɪʃn]
95	Trustworthy	신뢰할 수 있는	[ltrʌstwɜːrði]
96	Tuition	수업, 수업료	[tulɪʃn]
97	Valuable	소중한, 귀중한	[ˈvæljuəbl]
98	Variety	다양성	[vəˈraɪəti]
99	Vase	꽃병	[veɪz]
100	Worth	가치가 있는	[wɜːrθ]

사진 묘사하기
Describe a Picture

Question 3-4

파트의 특성
Describe a Picture (Q3,4)

✅ 시험 기본정보

문항 번호	문제 유형	준비 시간	답변 시간	평가 기준	채점용 점수
Q3-4	사진 묘사하기 Describe a picture	각 45초	각 30초	발음, 억양 및 강세, 문법, 어휘, 일관성	3점 만점

✅ 평가기준 세부사항

점수	점수대 별 응답의 특성
3점	답변과 사진 간에 연관성이 있으며, 적절한 세부 사항이 포함되어 있습니다.
2점	답변과 사진 간에 연관성이 있지만 중요한 내용을 빠뜨리거나, 그다지 중요하지 않은 세부 사항을 얘기하는데 시간을 보냅니다.
1점	답변과 사진 간에 연관성이 있을 수 있지만, 내용 전달에 한계가 있습니다.
0점	무응답이거나 답변과 사진 간에 연관성이 없습니다.

답변 구성 전략

✅ **Sample Answer**

중심인물+장소	A couple is chatting in a café. 한 커플이 카페에서 대화를 하고 있습니다.
중심내용	The man on the right is talking while resting his chin on his right hand. 오른쪽 남자는 오른손에 턱을 괴고 이야기를 하고 있습니다. The woman on the left is listening to him. 왼쪽에 있는 여자가 그의 말을 듣고 있습니다.
마무리	In the background, I can see a large painting and an air conditioner on the wall. 배경에는 벽에 큰 그림과 에어컨이 보입니다.

✓ **Tip.1**

첫 문장에 사진의 전체 내용에 대한 묘사를 최대한 많이 넣어주세요.
예) A couple is chatting in a café.
　　　인물　　　행동　　　장소

✓ **Tip.2**

인물 묘사는 행동 위주로 구성해 주셔야 사진 전체 내용이 효과적으로 전달됩니다.
(큰 특징이 없는 외관묘사를 구체적으로 답변하지 마세요.)

예) The man on the right is talking while resting his chin on his right hand.
　　　　　　　　　　　　　행동1　　　　　　　행동2

✓ **Tip.3**

마무리 문장에는 주변 사물, 배경, 장면의 상황 등을 묘사해주세요.
(답변 시간이 약 22초 지났을 때 마무리 문장을 하시면 30초 내에 답변을 완성하기 쉽습니다.)

예) In the background, I can see a large painting and an air conditioner on the wall.
　　　　　　　　　　　　　　배경 사물　　　　　　배경 사물

사진 묘사 핵심 템플릿

1. 사진 속 위치

In the foreground/background/center(middle) of the picture	사진의 전방에, 후방에, 가운데에
On the right/left of the picture	사진의 오른쪽에, 왼쪽에
On each side of the picture	사진의 양쪽에
Next to 명사	~옆에
Behind 명사	~뒤에
In front of 명사	~앞에
In the distance	저 멀리

2. 장소

This picture was taken at a/the 장소

meeting room	회의실	grocery store	식료품가게
office	사무실	outdoor market	야외시장
(buffet) restaurant	(뷔페) 식당	beach	해변가
café	카페	lake	호수
cafeteria	구내식당	waterfront	물가
train station	기차역/전철역	park	공원
bus stop	버스정류장	square	광장

3. 외관

He/she has **long/ short/ curly/ straight/ blond / brown/ grey hair.**	그/그녀는 머리가(는) 깁니다/ 짧습니다/ 곱슬입니다/ 직모입니다/ 금발입니다/ 갈색입니다/ 흰머리입니다.
He/she is wearing **formal/ casual/ heavy/ light/ traditional/ working clothes.**	그/그녀는 정장을/ 캐주얼 복장을/ 두꺼운 옷을/ 얇은 옷을/ 전통 복장을/ 작업복을 입었습니다.
He/she is wearing **a business suit/ swimsuit/ uniform/ dress.**	그/그녀는 정장을/ 수영복을/ 유니폼(교복)을/ 원피스를 입었습니다.

4. 행동

(1) 함께 하는 행동

facing each other	얼굴을 마주보고 있다
having a conversation	대화를 하고 있다
talking to each other	서로 얘기하고 있다
taking a rest	휴식을 취하고 있다
having a good time	즐거운 시간을 보내고 있다

(2) 주고/받고/보기

holding something	~를 들고있다
carrying something	~를 나르고 있다
handing/ giving something	~를 건네 주고 있다
getting/receiving something	~를 받고 있다
looking at something	~를 보고있다
looking for something	~를 찾고 있다
taking something out of a bag	가방에서 뭔가를 꺼내고 있다

(3) 분위기 묘사

Overall it seems + 형용사

peaceful	평온한
calm	고요한
busy	바쁜
serious	진지한
relaxing	편안한
crowded	붐비는
neat	깔끔한/정돈된

식당/상점/시장

paying at the counter   카운터에서 계산하고 있다
looking around the store   가게 주변을 둘러보고 있다
arranging some items   물건을 정리하고 있다
having a meal   식사를 하고 있다
picking up some items   물건을 집고 있다
choosing some items   물건을 고르고 있다
serving food to the customers   손님에게 음식을 서빙하고 있다
preparing for a meal   식사준비를 하고 있다
making an order   주문을 하고 있다
taking an order   주문을 받고 있다
pushing/pulling a shopping cart   쇼핑 카트를 밀고 있다(끌고 있다)
selling some fruits   과일을 팔고 있다
displaying plants   식물들을 전시하고 있다
purchasing something   (뭔가를) 구매하고 있다
biting into their food   음식을 베어먹고 있다
dipping a/the chip in a sauce   칩을 소스에 찍고 있다
chopping ingredients   재료를 다지고 있다
standing in line   줄 서있다/일렬로 서있다
getting food on a/the plate   음식을 접시에 담고 있다
serving various foods   다양한 음식을 서빙하다

거리

hanging around   돌아다니고 있다
crossing the street   길을 건너고 있다
getting on/off the bus   버스를 타고 있다(내리고 있다)
waiting in line   줄 서서 기다리고 있다
cars are parked along the street   차들이 길 따라 주차되어 있다
walking up/down the stairs   계단을 올라/내려 가고 있다
asking for a direction   길을 묻고 있다
giving a direction   길을 알려주고 있다
pushing (pulling) a cart   수레를 밀고 (끌고) 있다
cleaning the street with a broom   빗자루로 길을 청소하고 있다
(참고: mop 대걸레, vacuum 진공청소기, duster 먼지떨이)
pointing at something   무언가를 가리키고 있다

공원

riding a bicycle 자전거를 타고 있다
performing on the stage 무대 위에서 공연하고 있다
clapping for the performance 공연에 박수 치고 있다
taking a picture 사진을 찍고 있다
posing for a picture 사진의 포즈를 취하고 있다
sitting in a group 모여 앉아 있다
sitting on the bench 벤치에 앉아 있다
walking a dog 개를 산책시키고 있다
water is spraying out of the fountain 물이 분수대에서 뿜어져 나오고 있다
jogging together 함께 조깅 중이다

사무실

talking/texting on the phone 전화 통화/문자를 하고 있다
working on a computer 컴퓨터로 일하고 있다
having a meeting (video conference) 회의를 (화상회의를) 하고 있다
having a conference call 여럿이 전화로 회의를 하고 있다
reading a document 서류를 읽고 있다
writing something down 뭔가를 적고 있다
running a class 수업을 진행하고 있다
taking a class 수업을 듣고 있다
raising a hand and asking a question 손을 들고 질문하고 있다
sitting at the desk 책상에 앉아있다
making a photocopy 복사를 하고 있다
typing on the keyboard 키보드에 타자를 치고 있다
giving a presentation 발표를 하고 있다
paying attention to the presenter 발표자에게 집중하고 있다
replacing printer paper 프린터 용지를 교체하고 있다
submitting a form 양식을 제출하고 있다
registering for something (뭔가를) 등록하고 있다

해변가/물가

- swimming at the beach 바닷가에서 수영하고 있다
- playing in the water 물놀이를 하고 있다
- riding a boat 보트를 타고 있다
- getting a tan (sunbathing) 선탠을 하다(햇볕에 피부를 그을리다)
- lying on the sunbed 선베드에 누워있다
- lying under the beach umbrella 비치 파라솔 아래에 누워있다

기타

- assembling a piece of furniture 가구를 조립하고 있다
- working with sewing machines 재봉틀로 일하고 있다
- loading up the trunk 차 트렁크에 무언가를 싣고 있다
- putting something in the trunk 차 트렁크에 무언가를 싣고 있다
- carrying luggage 짐(수하물)을 나르고 있다
- using a mobile phone 휴대폰 사용하고 있다
- showing an ID card 신분증을 보여주고 있다
- crossing legs 다리를 꼬고 있다
- leaning against the rails 난간에 기대고 있다
- planting trees 나무를 심고 있다
- decorating buildings 건물을 꾸미고 있다
- lifting a box 상자를 들어 올리고 있다
- measuring the length 길이를 재고 있다
- weighing something on a scale 저울로 무게를 재고 있다
- picking crops 작물을 따고 있다
- spreading out 흩뿌리고 있다

빈출 유형 문제

1.

중심인물+장소	Two men are paying at the checkout counter in the grocery store. 두 남자가 식료품 가게의 계산대에서 계산을 하고 있습니다.
중심내용	The man on the right is holding his card, and the other man is about to pick up an item. 오른쪽 남자는 카드를 들고 있고, 다른 남자는 물건을 집으려고 합니다. In front of them, a cashier is proceeding with the payment. 그들 앞에서 계산원이 결제를 진행하고 있습니다.
마무리	Overall, it seems like those two customers are shopping for groceries. 전반적으로, 그 두 고객은 식료품을 사는 것처럼 보입니다.

2.

중심인물+장소	A merchant is pushing a food cart on the street. 한 상인이 길거리에서 음식 카트를 밀고 있습니다.
중심내용	She is wearing traditional Vietnamese clothes and a hat. 그녀는 베트남 전통 옷과 모자를 착용하고 있습니다. Also, there are several foods and pots on the cart. 또한, 카트에는 여러 가지 음식과 냄비가 있습니다.
마무리	Overall, it seems like she is starting the business of the day. 전반적으로, 그녀는 오늘의 장사를 시작하는 것처럼 보입니다.

3.

중심인물+장소	A man is sweeping the floor with a broom in the café. 한 남자가 카페에서 빗자루로 바닥을 쓸고 있습니다.
중심내용	He seems like an employee because he is wearing an apron. 그는 앞치마를 두르고 있어서 직원처럼 보입니다. In front of him, I can see an empty table and chairs. 그의 앞에는 빈 테이블과 의자가 보입니다.
마무리	Overall, it seems like the customers have just left the café. 전반적으로, 손님들이 방금 카페를 떠난 것 같습니다.

4.

중심인물+장소	A woman is on the phone while having coffee at a coffee shop. 한 여자가 커피숍에서 커피를 마시며 통화하고 있습니다.
중심내용	She is seated in an outdoor seat and looking to the right. 그녀는 야외 좌석에 앉아 오른쪽을 보고 있습니다. Behind her, I can see glass walls. 그녀 뒤로 유리벽이 보입니다.
마무리	Overall, it seems like she is in a good mood because I can see a smile on her face. 전반적으로, 그녀가 웃고 있는 걸로 봐서, 그녀는 기분이 좋은 것 같습니다.

5.

중심인물+장소	A man and a woman are browsing the Internet in the office. 한 남자와 한 여자가 사무실에서 인터넷을 검색하고 있습니다.
중심내용	The woman on the right is holding a phone while touching the screen, and the man is just looking. 오른쪽 여성은 화면을 터치하면서 전화기를 들고 있고, 남성은 그냥 바라보고 있습니다. In front of them, I can see a laptop and small boxes on the table. 그들 앞에, 테이블 위에 있는 노트북과 작은 상자들이 보입니다.
마무리	Overall, it seems like they are searching for information together. 전반적으로, 그들은 함께 정보를 찾는 것처럼 보입니다.

6.

중심인물+장소	Four people are having a meeting in the office. 네 사람이 사무실에서 회의를 하고 있습니다.
중심내용	A man in the center is talking, and the others are listening. 중앙에 있는 한 남자가 이야기를 하고 있고, 다른 사람들은 듣고 있습니다. On the left, a man is writing a note and the other man has a laptop in front of him. 왼쪽에는 한 남자가 메모를 하고 있고 다른 한 남자는 그의 앞에 노트북을 가지고 있습니다.
마무리	Overall, it seems like they are discussing something important. 전반적으로, 그들은 뭔가 중요한 것에 대해 논의하고 있는 것 같습니다.

7.

중심인물+장소	A woman is having a video conference in the office. 한 여성이 사무실에서 화상 회의를 하고 있습니다.
중심내용	She is writing something down while concentrating on the meeting. 그녀는 회의에 집중하면서 무언가를 적고 있습니다. Also, there are three people on the monitor having a meeting with her. 또한, 모니터에는 그녀와 회의를 하는 세 명의 사람들이 있습니다.
마무리	Overall, it seems quite serious and busy. 전반적으로, 상당히 진지하고 바쁜 것 같습니다.

8.

중심인물+장소	A man and a woman are moving items together. 한 남자와 한 여자가 물건을 함께 옮기고 있습니다.
중심내용	On the right, the woman is putting a box into the trunk. 오른쪽에서 여자가 상자를 트렁크에 넣고 있습니다. On the left, the man is carrying a box into the house. 왼쪽에는 남자가 상자를 집 안으로 옮기고 있습니다.
마무리	Overall, it seems like they are moving out. 전반적으로, 그들은 이사를 가는 것처럼 보입니다.

9.

중심인물+장소	A tailor is measuring a customer's shoulder with a tape measure. 재단사가 줄자로 고객의 어깨를 측정하고 있습니다.
중심내용	The customer is standing motionless and looking to the front. 고객이 움직이지 않고 서서 앞쪽을 바라보고 있습니다. At the back, I can see clothes hanging on the rack. 뒤쪽에는 옷걸이에 걸린 옷들이 보입니다.
마무리	Overall, it seems like the tailor is making clothes for the customer. 전반적으로, 재단사가 고객을 위해 옷을 만드는 것 같습니다.

10.

중심인물+장소	A woman is weighing herself on a scale. 한 여자가 저울에 몸무게를 재고 있습니다.
중심내용	She is stepping onto the scale while looking at the measurement. 그녀는 치수를 보면서 저울 위로 올라가고 있습니다. Behind her, I can see brick walls. 그녀 뒤로 벽돌로 된 벽이 보입니다.
마무리	Overall, it seems like she is checking her weight. 전반적으로, 그녀는 몸무게를 체크하는 것 같습니다.

Practice

1.

중심인물+장소	Two men are _____ in the grocery store. 두 남자가 식료품 가게의 계산대에서 계산을 하고 있습니다.
중심내용	The man on the right is _____, and the other man is about to _____. 오른쪽 남자는 카드를 들고 있고, 다른 남자는 물건을 집으려고 합니다. In front of them, a cashier is _____. 그들 앞에서 계산원이 결제를 진행하고 있습니다.
마무리	Overall, it seems like those two customers are _____. 전반적으로, 그 두 고객은 식료품을 사는 것처럼 보입니다.

2.

중심인물+장소	A merchant is _____ on the street. 한 상인이 길거리에서 음식 카트를 밀고 있습니다.
중심내용	She is _____ and a hat. 그녀는 베트남 전통 옷과 모자를 착용하고 있습니다. Also, there are _____ on the cart. 또한, 카트에는 여러 가지 음식과 냄비가 있습니다.
마무리	Overall, it seems like she is _____. 전반적으로, 그녀는 오늘의 장사를 시작하는 것처럼 보입니다.

3.

중심인물+장소	A man is _____ in the café. 한 남자가 카페에서 빗자루로 바닥을 쓸고 있습니다.
중심내용	He seems like an employee because _____. 그는 앞치마를 두르고 있어서 직원처럼 보입니다. In front of him, I can see an _____. 그의 앞에는 빈 테이블과 의자가 보입니다.
마무리	Overall, it seems like _____. 전반적으로, 손님들이 방금 카페를 떠난 것 같습니다.

4.

중심인물+장소	A woman is _____ while having coffee at a coffee shop. 한 여자가 커피숍에서 커피를 마시며 통화하고 있습니다.
중심내용	She is _____ and _____. 그녀는 야외 좌석에 앉아 오른쪽을 보고 있습니다. Behind her, I can see _____. 그녀 뒤로 유리벽이 보입니다.
마무리	Overall, it seems like _____ because I can see a smile on her face. 전반적으로, 그녀가 웃고 있는 걸로 봐서, 그녀는 기분이 좋은 것 같습니다.

5.

중심인물+장소	A man and a woman are _____ in the office. 한 남자와 한 여자가 사무실에서 인터넷을 검색하고 있습니다.
중심내용	The woman on the right is _____ while touching the screen, and the man is _____. 오른쪽 여성은 화면을 터치하면서 전화기를 들고 있고, 남성은 그냥 바라보고 있습니다. In front of them, I can see _____ on the table. 그들 앞에, 테이블 위에 있는 노트북과 작은 상자들이 보입니다.
마무리	Overall, it seems like they are _____. 전반적으로, 그들은 함께 정보를 찾는 것처럼 보입니다.

6.

중심인물+장소	Four people are _____ in the office. 네 사람이 사무실에서 회의를 하고 있습니다.
중심내용	A man in the center is _____, and the others are _____. 중앙에 있는 한 남자가 이야기를 하고 있고, 다른 사람들은 듣고 있습니다. On the left, a man is _____ and the other man _____ in front of him. 왼쪽에는 한 남자가 메모를 하고 있고 다른 한 남자는 그의 앞에 노트북을 가지고 있습니다.
마무리	Overall, it seems like they are _____. 전반적으로, 그들은 뭔가 중요한 것에 대해 논의하고 있는 것 같습니다.

7.

중심인물+장소	A woman is _____ in the office. 한 여성이 사무실에서 화상 회의를 하고 있습니다.
중심내용	She is _____ while concentrating on the meeting. 그녀는 회의에 집중하면서 무언가를 적고 있습니다. Also, there are three people on the monitor _____ with her. 또한, 모니터에는 그녀와 미팅을 하는 세 명의 사람들이 있습니다.
마무리	Overall, it seems quite _____. 전반적으로, 상당히 진지하고 바쁜 것 같습니다.

8.

중심인물+장소	A man and a woman are _____. 한 남자와 한 여자가 물건을 함께 옮기고 있습니다.
중심내용	On the right, the woman is _____. 오른쪽에서 여자가 상자를 트렁크에 넣고 있습니다. On the left, the man is _____ into the house. 왼쪽에는 남자가 상자를 집안으로 옮기고 있습니다.
마무리	Overall, it seems like they are _____. 전반적으로, 그들은 이사를 가는 것처럼 보입니다.

9.

중심인물+장소	A tailor is _____ with a tape measure. 재단사가 줄자로 고객의 어깨를 측정하고 있습니다.
중심내용	The customer is _____ and looking to the front. 고객이 움직이지 않고 서서 앞쪽을 바라보고 있습니다. At the back, I can see clothes _____. 뒤쪽에는 옷걸이에 걸린 옷들이 보입니다.
마무리	Overall, it seems like the tailor is _____. 전반적으로, 재단사가 고객을 위해 옷을 만드는 것 같습니다.

10.

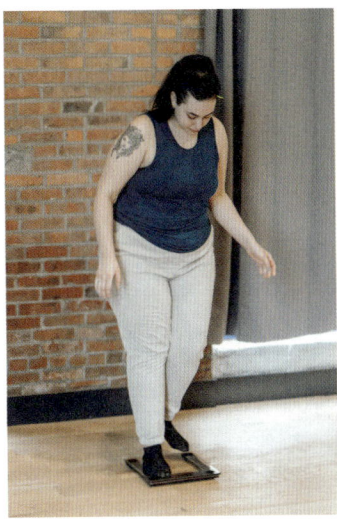

중심인물+장소	A woman is _____. 한 여자가 저울에 몸무게를 재고 있습니다.
중심내용	She is _____ while looking at the measurement. 그녀는 치수를 보면서 저울 위로 올라가고 있습니다. Behind her, I can see _____. 그녀 뒤로 벽돌로 된 벽이 보입니다.
마무리	Overall, it seems like she is _____. 전반적으로, 그녀는 몸무게를 체크하는 것 같습니다.

✅ 예제 답변

1) paying at the checkout counter/ holding his card/ pick up an item/ proceeding with the payment/ shopping for groceries
2) pushing a food cart/ wearing traditional Vietnamese clothes/ several foods and pots/ starting the business of the day
3) sweeping the floor with a broom/ he is wearing an apron/ empty table and chairs/ the customers have just left the café
4) on the phone/ seated in an outdoor seat/ looking to the right/ glass walls/ she is in a good mood
5) browsing the Internet/ holding a phone/ just looking/ a laptop and small boxes/ searching for information together
6) having a meeting/ talking/ listening/ writing a note/ has a laptop/ discussing something important
7) having a video conference/ writing something down/ having a meeting/ serious and busy
8) moving items together/ putting a box into the trunk/ carrying a box/ moving out
9) measuring a customer's shoulder/ standing motionless/ hanging on the rack/ making clothes for the customer
10) weighing herself on a scale/ stepping onto the scale/ brick walls/ checking her weight

질문에 답하기
Respond to Questions

Question 5-7

파트의 특성
Respond to Questions (Q5-7)

✓ 시험 기본정보

문항 번호	문제 유형	준비 시간	답변 시간	평가 기준	채점용 점수
Q5~7	질문에 답하기 Respond to questions	5번: 3초 6번: 3초 7번: 3초	5번: 15초 6번: 15초 7번: 30초	발음, 억양 및 강세, 문법, 어휘, 일관성, 내용의 적절성, 내용의 완성도	3점 만점

✓ 평가기준 세부사항

점수	점수대 별 응답의 특성
3점	질문에 대한 답변이 충분하며 적절합니다.
2점	질문에 대해 부분적으로 관련된 답변을 하지만 완벽하거나 완전히 적절한 것은 아닙니다.
1점	질문에 대해 적절하게 답변하지 못합니다. 관련된 정보가 제대로 전달되지 않습니다.
0점	무응답 또는, 영어로 답변을 하지 않거나 답변과 과제 사이에 연관성이 없습니다.

의문사 템플릿

마지막으로 언제?	어제 저번 달에	Yesterday Last month
보통 언제해?	주말에 여름에	On weekends In summer
어디서 구매해?	집 근처 백화점 인터넷에서	The department store near my home Online
누구랑 같이해?	친구랑	With my friend
가장 좋아하는 ( )는 뭐야?	음료= 아메리카노 간식= 쿠키/케이크 음식= 중국음식 여가 활동= 운동 음악= 한국가요 영화= 액션영화	Americano Cookies or cakes Chinese food Work out at a gym Korean pop music Action movies
얼마나 자주?	거의 매일	Almost every day
하루에 몇 번?	매일 굉장히 자주	Very frequently every day
저번 달에 몇 번?	저번 달에 다섯 번	5 times last month
얼마나 오래?	5분 정도 한 시간 정도	About 5 minutes About an hour
얼마나 멀리?	5분 거리	5 minutes away
얼마 지불해?	5만원 정도	About 50 dollars
어떻게 가?	전철 타고	By train

Practice

Q1. When was the last time you visited a museum?
마지막으로 박물관에 방문하신 적은 언제 입니까?

A: The last time I visited a museum was _____.
제가 박물관에 마지막으로 간 건 어제예요.

Q2. When did you last visit a museum?
마지막으로 박물관에 방문하신 적은 언제인가요?

A: I last visited a museum _____.
제가 박물관에 마지막으로 간 건 지난 달입니다.

Q3. When do you usually go shopping?
보통 언제 쇼핑을 가나요?

A: I usually go shopping _____.
저는 보통 쇼핑을 주말에 가요.

Q4. What time of the year do you eat ice cream the most?
일년 중 언제 아이스크림을 가장 많이 먹나요?

A: _____, I eat ice cream the most.
저는 여름에 아이스크림을 가장 많이 먹어요.

✅ **예제 답변**

A1. yesterday
A2. last month
A3. on weekends
A4. In summer

Q5. Where do you usually buy groceries?
식료품을 보통 어디서 구매하나요?

A: I usually buy groceries at _____.
저는 보통 식료품을 집 근처 백화점에서 사요.

Q6. Where did you buy your mobile phone?
휴대폰을 어디서 구매하셨나요?

A: I bought it _____. It was on sale.
인터넷에서 샀어요. 할인 중이었어요.

Q7. Who did you go to the museum with?
박물관을 누구와 함께 가셨나요?

A: I went there with _____.
친구와 함께 갔어요.

Q8. What do you usually drink when you go to a coffee shop?
커피숍에서 보통 어떤 음료를 드세요?

A: I usually drink _____. It keeps me awake.
저는 보통 아메리카노를 마셔요. 잠 깨는데 좋아요.

✅ **예제 답변**

> A5. the department store near my home
> A6. online
> A7. my friend
> A8. Americano

Q9. What do you usually buy when you visit a bakery?
빵집에서 보통 무엇을 사세요?

A: I usually buy _____. I like sweets.
    저는 보통 쿠키와 케이크를 사요. 단 음식을 좋아하거든요.

Q10. What kind of food do you usually eat for your lunch at work?
보통 직장에서 점심으로 뭐 드세요?

A: I usually eat _____ for lunch. It's cheap and tasty.
    점심으로 보통 중국 음식을 먹어요. 저렴하고 맛있어요.

Q11. What do you usually do when you have free time?
여가 시간에 보통 뭐 하세요?

A: I usually _____. I want to stay fit.
    보통 헬스장에서 운동해요. 건강을 유지하고 싶어요.

Q12. What type of music do you like most?
어떤 종류의 음악을 가장 좋아하세요?

A: I like _____ the most. I listen to it almost every day.
    저는 한국 가요를 좋아해요. 거의 매일 들어요.

✅ **예제 답변**

A9.   cookies and cakes
A10. Chinese food
A11. work out at a gym
A12. Korean pop music (K-pop)

질문에 답하기 Question 5-7

Q13. What is your favorite movie genre?
가장 좋아하는 영화 장르는 뭐예요?

A: I like _____. It's exciting and dynamic.
액션 영화를 좋아해요. 신나고 박진감 넘치잖아요.

Q14. How often do you exercise?
얼마나 자주 운동하세요?

A: I exercise _____.
저는 운동을 거의 매일 해요.

Q15. How often do you send a text message to others per day?
하루에 얼마나 자주 다른 사람에게 문자를 보내세요?

A: I don't know exactly but I send a text message _____.
정확히는 모르겠지만 매일 굉장히 자주 문자를 보내요.

Q16. How many times did you eat out last month?
저번 달에 외식을 몇 번 하셨어요?

A: I ate out _____.
저번 달에 외식을 다섯 번 했어요.

✔ 예제 답변

A13. action movies
A14. almost every day
A15. very frequently every day
A16. 5 times last month

Q17. How long does it take to get to your work?
출근하는데 시간이 얼마나 걸려요?

A: It takes _____. But it takes usually longer on Mondays.
한 시간 정도 걸려요. 근데 월요일은 보통 더 걸려요.

Q18. How much time do you spend on using social media per day?
소셜미디어를 이용하는데 하루에 얼마나 시간을 쓰세요?

A: I spend _____ on using it.
하루에 5분 정도 사용해요.

Q19. How far is the nearest convenient store from your home?
집에서 가장 가까운 편의점은 얼마나 떨어져 있나요?

A: The nearest convenient store is _____ from my place.
가장 가까운 편의점은 저희 집에서 5분 거리에 있어요.

Q20. How much do you usually spend on grocery shopping?
보통 식료품 쇼핑할 때 돈을 얼마나 쓰세요?

A: I usually spend about _____ on it.
저는 보통 5만원 정도 써요.

✅ **예제 답변**

A17. about an hour
A18. about 5 minutes per day
A19. 5 minutes away
A20. 50 dollars

질문에 답하기 Question 5-7

짧은 이유 템플릿

1	시간 절약 콤보	It's time saving and fast. 시간을 절약해 주고 빨라요.
2	돈 절약 콤보	I can save money. 돈을 아낄 수 있어요.
3	폰으로 콤보	I can do it using my phone anytime and anywhere. 휴대폰으로 언제 어디서든 할 수 있어요.
4	쉽고 편해 콤보	It's easy and convenient. 쉽고 편리해요.
5	아늑해 콤보	It's more comfortable and cozy. 더 편안하고 아늑해요.
6	스트레스 콤보	It helps me relieve stress. 스트레스를 해소해줘요.
7	관심사 콤보	It fits my interests. 제 관심사에요.
8	취미 콤보	It's one of my favorite hobbies. 제 취미 중 하나에요.
9	힘들어 콤보	It's time consuming and demanding. 시간 걸리고 힘들어요.
10	정보 콤보	I can get useful information. 유용한 정보를 얻을 수 있어요.
11	배움 콤보	I can learn from it. 배울 수 있어요.
12	최신 콤보	I can stay up-to-date with my interests. 관심분야의 최신 트랜드를 알 수 있어요.
13	재미 콤보	It is more fun and enjoyable. 더 재미있고 즐거워요.
14	휴대성 콤보	It's light and portable. 가볍고 휴대성이 좋아요.
15	아날로그 콤보	It doesn't require batteries or internet access. 배터리나 인터넷이 필요 없어요.
16	지불가치 콤보	It's worth paying for it. 지불할 가치가 있어요.
17	익숙해 콤보	I am familiar with it. 저는 그것이 익숙해요.
18	감동 콤보	I was very impressed. 저는 굉장히 감동받았습니다.
19	중요 콤보	I usually consider my interests and tastes. 제 관심과 취향을 중히 여깁니다.
20	만족 콤보	I am satisfied with it. 저는 그것에 만족합니다.

21	흥미 콤보	**It makes me curious.** 그것에 관심이 갑니다. (호기심이 생깁니다.)
22	분야 콤보	**It's my field of interest.** 제 관심분야입니다.
23	행복 콤보	**It makes me happy.** 저를 기쁘게 해줍니다.
24	결정장애 콤보	**I am very indecisive.** 저는 결정을 잘 못합니다.
25	최근 콤보	**The last time I did it was last Saturday.** 마지막으로 그것을 한 것은 지난주 토요일입니다.
26	대중교통 콤보	**Public transportation is punctual.** 대중교통은 시간을 엄수합니다.
27	SNS 콤보	**I use social media a lot.** 저는 SNS를 많이 사용합니다.
28	인스타 콤보	**I post my pictures on Instagram.** 저는 인스타그램에 사진들을 올립니다.
29	안부 콤보	**I can keep them posted through the sites.** 사이트를 통해 안부를 전할 수 있습니다.
30	안 해본 콤보	**I've never done it before.** 저는 그것을 한 번도 해본적이 없습니다.
31	5번 콤보	**I exercise 5 times a week.** 저는 일주일에 5번 운동합니다.
32	5년 콤보	**It's been 5 years.** 5년이 되었습니다.
33	1시간 콤보	**I spend an hour on it each day.** 저는 매일 그것에 한시간을 보냅니다.
34	음악 콤보	**My favorite music genre is K-pop.** 가장 좋아하는 음악 장르는 K-pop입니다.
35	자격 있어 콤보	**They deserve it.** 그들은 그럴 자격이 있습니다.
36	추천 콤보	**I think it's the right one for you.** 그것이 당신에게 적합하다고 생각합니다.
37	편안해 콤보	**It makes me relaxed and calm.** 그것은 나를 편안하고 차분하게 만듭니다.
38	빡쎄 콤보	**It's too much work.** 너무 버겁습니다. (너무 과중합니다.)
39	짜증 콤보	**It's annoying and bothering.** 짜증나고 귀찮습니다.
40	인기 콤보	**It's on a hot trend.** 큰 유행입니다.

Practice

Q1. Do you prefer to go to the movies alone or with friends?
영화를 혼자 보러 가는 것과 친구와 보는 것 중 무엇을 선호하나요?

    A1. I prefer to go to the movies with my friends. (재미 콤보) _____
        저는 친구들과 영화 보러 가는 것을 선호합니다. 그게 더 재미있고 즐거워요.

    A2. I prefer to go to the movies alone. (쉽고 편해 콤보) _____.
        저는 혼자 영화 보러 가는 것을 선호합니다. 그게 더 쉽고 편합니다.

Q2. Which would you prefer to use for work: a tablet or a computer?
업무를 위해 컴퓨터나 태블릿 중 무엇을 사용하시는 것을 선호하시나요?

    A1. I prefer to use a tablet for my work. Because (휴대성 콤보) _____.
        저는 업무를 위해 태블릿을 사용하는 것을 선호합니다. 왜냐하면 가볍고 휴대성이 좋기 때문입니다.

    A2. I prefer to use a computer for my work. Because (시간 절약 콤보) _____.
        저는 업무를 위해 컴퓨터를 사용하는 것을 선호합니다. 왜냐하면 시간이 절약되고 빠르기 때문입니다.

Q3. Do you spend a lot of time using social media websites?
SNS를 사용하는 데에 많은 시간을 사용하십니까?

    A1. Yes, I use social media a lot. Mostly, (인스타 콤보) _____.
        네, 저는 SNS를 많이 사용해요. 주로, 저는 인스타그램에 사진들을 올려요.

    A2. Yes, I do. Because (최신 콤보) _____.
        네 그렇습니다. 왜냐하면 제 관심분야의 최신 트랜드를 알 수 있어요.

Q4. Do you prefer to take a rest or to exercise in your free time?
여가 시간에 휴식을 취하는 것과 운동하는 것 중 무엇을 선호하십니까?

A1. I prefer to take a rest. Because (스트레스 콤보) _____.
저는 휴식을 취하는 것을 선호합니다. 왜냐하면 스트레스 해소에 도움이 되기 때문입니다.

A2. I prefer to exercise. Because (취미 콤보) _____.
저는 운동하는 것을 선호합니다. 왜냐하면 제 취미 중 하나이기 때문입니다.

Q5. Do you like growing plants?
식물 키우는 것을 좋아하십니까?

A1. I don't like growing plants. Because (힘들어 콤보) _____.
저는 식물 키우는 것을 좋아하지 않습니다. 왜냐하면 시간 소모적이고 힘든 일입니다.

A2. I enjoy growing plants. Because (행복 콤보) _____.
저는 식물 키우는 것을 좋아합니다. 왜냐하면 저를 행복하게 만들기 때문입니다.

Q6. Which do you prefer: paper books or e-books?
전자책과 종이책 중 어떤 것을 선호하십니까?

A1. I prefer paper books. Because (익숙해 콤보) _____.
저는 종이책을 선호합니다. 왜냐하면 종이책이 더 익숙하기 때문입니다.

A2. I prefer paper books. Because (아날로그 콤보) _____.
저는 종이책을 선호합니다. 왜냐하면 배터리나 인터넷 연결이 필요하지 않기 때문입니다.

Q7. Do you prefer to cook for yourself or to eat out at a restaurant?
혼자 요리하는 것과 식당에서 외식하는 것 중 무엇을 선호하십니까?

    A1. I prefer to cook for myself. Because (돈 절약 콤보) _____.
        저는 제가 요리하는 것을 더 좋아합니다. 왜냐하면 돈을 아낄 수 있기 때문입니다.

    A2. I prefer to cook for myself. Because (분야 콤보) _____.
        저는 제가 요리하는 것을 더 좋아합니다. 왜냐하면 저의 관심 분야이기 때문입니다.

Q8. When shopping for items, which do you prefer to pay with: a credit card or cash?
물건을 살 때, 당신은 신용카드와 현금 중 어떤 것으로 결제하는 것을 선호합니까?

    A1. I prefer to pay with a credit card. Because (쉽고 편해 콤보) _____.
        저는 신용 카드로 결제하는 것을 선호합니다. 왜냐하면 쉽고 편리하기 때문입니다.

    A2. I prefer to pay with cash. Because (익숙해 콤보) _____.
        저는 현금 결제를 선호합니다. 왜냐하면 익숙하기 때문입니다.

Q9. What do you usually do using the Internet?
인터넷으로 보통 무엇을 하시나요?

    A1. I usually watch YouTube. Because (스트레스 콤보) _____.
        저는 보통 유투브를 봅니다. 왜냐하면 스트레스를 해소해줘요.

    A2. I often read articles on blogs. Because (정보 콤보) _____.
        저는 블로그의 기사를 자주 읽습니다. 왜냐하면 유용한 정보를 얻을 수 있어요.

Q10. Are you willing to keep using the current Internet service provider?
현재 인터넷 서비스 제공업체를 계속 사용할 의향이 있습니까?

    A1. Yes, I am. They offer good services, so (지불가치 콤보) _____.
        네, 그렇습니다. 그들은 좋은 서비스를 제공하기 때문에 비용을 지불할 가치가 있어요.

    A2. Yes, I will keep using their services because (만족 콤보) _____.
        네, 저는 그들의 서비스를 계속 사용할 것입니다. 왜냐하면 저는 그것에 만족하기 때문입니다.

✅ **예제 답변**

Q1. A1. It is more fun and enjoyable. / A2. It's easy and convenient.
Q2. A1. it's light and portable. / A2. it's time saving and fast.
Q3. A1. I post my pictures on Instagram. / A2. I can stay up to date with my interests.
Q4. A1. it helps me relieve stress. / A2. It's one of my favorite hobbies.
Q5. A1. it's time consuming and demanding. / A2. it makes me happy.
Q6. A1. I am familiar with it. / A2. it doesn't require batteries or internet access.
Q7. A1. I can save money. / A2. it's my field of interest.
Q8. A1. it's easy and convenient. / A2. I am familiar with it.
Q9. A1. it helps me relieve stress. / A2. I can get useful information.
Q10. A1. it's worth paying for it. / A2. I am satisfied with it.

긴 이유 템플릿

영화/책 콤보 - Harry Porter is interesting and enjoyable.

Q1. What is your favorite book?
당신이 가장 좋아하는 책은 무엇입니까?

A. My favorite book is <u>Harry Porter</u>, and here is why.
제가 가장 좋아하는 책은 해리포터이고, 이것이 그 이유입니다.

First, it's interesting because its story is fun and humorous.
첫째, 스토리가 재미있고 유머러스 하기 때문에 흥미로워요.

Second, it's enjoyable because the main character is very attractive and appealing.
둘째, 주인공이 굉장히 멋지고 매력 있어서 즐거워요.

This is why.
이것이 이유입니다.

가수 콤보 - BTS is attractive and amazing.

Q2. Who is your favorite singer?
당신이 가장 좋아하는 가수는 누구입니까?

A. My favorite singer is <u>BTS</u>, and here is why.
제가 가장 좋아하는 가수는 BTS이고, 이것이 그 이유입니다.

First, they are attractive, and their voices are amazing.
첫째, 그들은 매력적이고 목소리도 정말 좋습니다.

Second, it's representative because their songs are typical K-pop.
둘째, 그들의 노래가 전형적인 K-pop이기 때문에 대표적입니다.

This is why.
이것이 이유입니다.

쇼핑 콤보 - The City department store is approachable and convenient.

Q3. What is your favorite place to shop for items?
당신이 가장 좋아하는 쇼핑 장소는 어디입니까?

A. My favorite shopping mall is <u>the City Department store</u>, and here is why.
제가 가장 좋아하는 쇼핑몰은 시티백화점이고, 이것이 그 이유입니다.

First, it's approachable because it has a good location.
첫째, 위치가 좋아서 접근성이 좋습니다.

Second, it's convenient because they have various types of products.
둘째, 다양한 종류의 제품이 있어서 편리합니다.

This is why.
이것이 이유입니다.

음식점 콤보 - Taco Bell is worthy and cost-effective.

Q4. What is your favorite restaurant?
당신이 가장 좋아하는 식당은 어디입니까?

A. My favorite restaurant is <u>Taco Bell</u>, and here is why.
제가 가장 좋아하는 음식점은 Taco Bell이고, 이것이 그 이유입니다.

First, it's worthy because their food is high quality and fresh.
첫째, 그들의 음식은 품질이 좋고 신선하기 때문에 가치가 있습니다.

Second, it's cost-effective because they offer meals at reasonable prices.
둘째, 합리적인 가격으로 식사를 제공하기 때문에 비용 효율적입니다.

This is why.
이것이 이유입니다.

==동네 좋은 곳 콤보 - The City Park is refreshing and relaxing.==

Q5. What is your favorite place to visit in your area?
당신의 동네에서 가장 즐겨가는 곳은 어디입니까?

A. My favorite place to visit in my area is <u>the City Park</u>, and here is why.
제가 사는 지역에서 가장 좋아하는 곳은 시티 파크이고, 이것이 그 이유입니다.

First, that place is refreshing because you can get fresh air in the park.
첫째, 그곳은 공원에서 신선한 공기를 마실 수 있기 때문에 상쾌합니다.

Second, it's relaxing because the park is beautiful and peaceful.
둘째, 공원이 아름답고 평화롭기 때문에 편안합니다.

This is why.
이것이 이유입니다.

==브랜드 콤보 - Nike is trendy and worthy.==

Q6. What is your favorite clothing brand?
당신이 가장 좋아하는 의류 브랜드는 무엇입니까?

A. My favorite clothing brand is <u>Nike</u>, and here is why.
제가 가장 좋아하는 의류 브랜드는 나이키이고, 이것이 그 이유입니다.

First, it's trendy and it reflects my personality.
첫째, 트렌디하고 제 성격을 반영합니다.

Second, it's worthy because their products are high-quality.
둘째, 그들의 제품은 품질이 좋기 때문에 가치가 있습니다.

This is why.
이것이 이유입니다.

명성 콤보 - Reputation is reliable and trustworthy.

Q7. Do you consider reputation important when choosing a product?
물건을 고를 때, 명성을 중요하게 고려하시나요?

A. I think **reputation** is important when choosing a product, and here is why.
저는 명성이 중요하다고 생각하며, 이것이 그 이유입니다.

First, it's **reliable** because **word-of-mouth is real**.
첫째, 입소문이 진실하기 때문에 신뢰할 수 있습니다.

Second, it's **trustworthy** because a product with good reputation is **a safe choice**.
둘째, 평판이 좋은 제품은 안전한 선택이기 때문에 신뢰할 수 있습니다.

This is why.
이것이 이유입니다.

직원 콤보 - A salesperson's recommendation is reliable and helpful.

Q8. Do you consider a salesperson's recommendation important when choosing a product?
물건을 고를 때, 판매직원의 추천을 중요하게 생각하시나요?

A. I consider **a salesperson's recommendation** important, and here is why.
저는 판매직원의 추천을 중요하게 생각하며, 이것이 그 이유입니다.

First, it's **reliable** because they are **trained professionals**.
첫째, 그들은 훈련된 전문가이기 때문에 신뢰할 수 있습니다.

Second, it's **helpful** because they can tell which one is **suitable for me**.
둘째, 어떤 것이 나에게 적합한지 알 수 있기 때문에 도움이 됩니다.

This is why.
이것이 이유입니다.

고객 리뷰 콤보 - Customer reviews are accurate and reliable.

Q9. Do you consider customer reviews important when choosing a product?
물건을 고를 때, 고객 리뷰를 중요하게 고려하시나요?

A. I consider **customer reviews** important, and here is why.
저는 고객 리뷰를 신뢰하며, 이것이 그 이유입니다.

First, it's **accurate** because reviews are based on **their actual experience**.
첫째, 리뷰는 실제 경험을 바탕으로 하기 때문에 정확합니다.

Second, it's **reliable** because they share **honest opinions**.
둘째, 솔직한 의견을 공유하기 때문에 신뢰할 수 있습니다.

This is why.
이것이 이유입니다.

할인 콤보 - A discounted price is cost-effective and nice.

Q10. Do you consider a discounted price important when choosing a product?
물건을 고를 때, 할인가를 중요하게 고려하시나요?

A. I consider **a discounted price** important, and here is why.
저는 할인된 가격을 중요하게 생각하며, 이것이 이유입니다.

First, it's **cost-effective** because I can buy items at **a lower price**.
첫째, 저렴한 가격에 물건을 살 수 있어서 비용 효율적입니다.

Second, it's **nice** because it **saves my money**.
둘째, 돈을 아낄 수 있어서 좋습니다.

This is why.
이것이 이유입니다.

가게 위치 콤보 - A store with good location is accessible and approachable.

Q11. Do you consider location important when choosing a store?
가게를 고를 때, 위치를 중요하게 고려하시나요?

A. I consider **location** important when choosing a store, and here is why.
저는 가게를 고를 때 위치를 중요하게 생각하며, 이것이 그 이유입니다.

First, it's always accessible because close shops are readily available.
첫째, 가까운 상점은 쉽게 이용할 수 있기 때문에 항상 접근이 가능합니다.

Second, it's approachable because I have easy access to the shop.
둘째, 제가 가게에 쉽게 접근할 수 있기 때문에 접근성이 좋습니다.

This is why.
이것이 이유입니다.

서비스 콤보 - Good customer services are nice and pleasant.

Q12. Do you consider good customer services important when choosing a store?
가게를 고를 때, 좋은 고객 서비스를 중요하게 고려하시나요?

A. I consider **good customer services** important when choosing a store, and here is why.
저는 가게를 고를 때 좋은 고객 서비스를 중요하게 생각하며, 이것이 그 이유입니다.

First, it's nice. I mean, a good customer service makes me feel better.
첫째, 좋습니다. 제 말은, 좋은 고객 서비스는 제 기분을 좋게 해줍니다.

Second, it feels pleasant because they treat me nicely.
둘째, 그들이 친절하게 대해줘서 기분이 좋습니다.

This is why.
이것이 이유입니다.

다양한 제품 콤보 - A wide selection of products is various and time saving.

Q13. Do you consider a wide selection of products important when choosing a store?
가게를 고를 때, 다양한 제품을 중요하게 고려하시나요?

A. I consider **a wide selection of products** important, and here is why.
저는 다양한 제품을 중요하게 생각하며, 이것이 그 이유입니다.

First, it's **various** because there are **many options** to choose from.
첫째, 선택할 수 있는 옵션이 많기 때문에 다양합니다.

Second, it's **time saving** because I can **shop quickly**.
둘째, 쇼핑을 빨리 할 수 있어서 시간이 절약됩니다.

This is why.
이것이 이유입니다.

인터넷 쇼핑 콤보 - Online shopping is convenient and accessible.

Q14. Which do you prefer: shopping on the Internet or shopping at a store?
인터넷으로 쇼핑하는 것과 상점에서 쇼핑하는 것 중 어느 것을 더 선호하나요?

A. I prefer **shopping on the Internet**, and here is why.
저는 인터넷 쇼핑을 더 좋아하며, 이것이 그 이유입니다.

First, it's **convenient** because I can **compare many items**.
첫째, 여러 항목을 비교할 수 있어 편리합니다.

Second, it's **time-saving** because I can **shop quickly**.
둘째, 쇼핑을 빨리 할 수 있어서 시간이 절약됩니다.

This is why.
이것이 이유입니다.

가게 쇼핑 콤보 - Shopping at a store is accurate and prompt.

Q15. Which do you prefer: shopping on the Internet or shopping at a store?
인터넷으로 쇼핑하는 것과 상점에서 쇼핑하는 것 중 어느 것을 더 선호하나요?

A. I prefer **shopping at a store**, and here is why.
저는 상점에서 쇼핑하는 것을 더 좋아하며, 이것이 그 이유입니다.

First, it's accurate because I can see or try products in person.
첫째, 제품을 직접 보거나 사용해 볼 수 있기 때문에 정확합니다.

Second, it's prompt because I can use the product right away.
둘째, 제품을 바로 사용할 수 있어서 신속합니다.

This is why.
이것이 이유입니다.

택시 콤보 - A taxi is faster and private.

Q16. What are the advantages of taking a taxi?
택시를 타는 것의 장점은 무엇입니까?

A. There are some **advantages of taking a taxi**.
택시를 타는 것에는 몇 가지 장점이 있습니다.

First, it's faster compared to taking a bus or subway.
첫째, 버스나 지하철을 타는 것보다 더 빠릅니다.

Second, it's private because I don't travel with other passengers.
둘째, 다른 승객들과 함께 이동하지 않기 때문에 더 개인적입니다.

This is why.
이것이 이유입니다.

전철 콤보 - A train is cost-effective and punctual.

Q17. What are the advantages of taking a train?
전철을 타는 것의 장점은 무엇입니까?

A. There are some **advantages of taking a train**.
전철을 타는 것에는 몇 가지 장점이 있습니다.

First, it's cost-effective because it's cheaper than taking a taxi.
첫째, 택시를 타는 것보다 저렴하기 때문에 비용 효율적입니다.

Second, it's punctual. That means it's always on time.
둘째, 시간이 정확합니다. 그것은 항상 시간을 지킨다는 것을 의미합니다.

This is why.
이것이 이유입니다.

공연장 콤보 - Watching a performance in person is alive and memorable.

Q18. What are the advantages of watching a performance in person?
공연을 직접 보는 것의 장점은 무엇입니까?

A. There are some **advantages of watching a performance in person**.
공연을 직접 관람하는 것의 장점이 몇 가지 있습니다.

First, it feels alive because watching it in person is more exciting.
첫째, 더 활기찹니다. 왜냐하면 공연을 직접 보는 것이 더 신나기 때문입니다.

Second, it's memorable so we can make good memories.
둘째, 기억에 남아서 좋은 추억을 만들 수 있습니다.

This is why.
이것이 이유입니다.

집 콤보 - Watching a performance at home is cost-effective and relaxing.

Q19. What are the advantages of watching a performance at home?
공연을 집에서 보는 것의 장점은 무엇입니까?

A. There are some **advantages of watching a performance at home**.
공연을 집에서 관람하는 것의 장점이 몇 가지 있습니다.

First, it's **cost-effective** because I can **save money on tickets**.
첫째, 표를 사는 돈을 절약할 수 있기 때문에 비용 효율적입니다.

Second, it's **relaxing** because my home is **more comfortable**.
둘째, 우리 집이 더 편안하기 때문에 마음이 편합니다.

This is why.
이것이 이유입니다.

기부 콤보 (환경 단체) - Environmental problems are urgent and critical.

Q20. Which organization would you donate for: an environmental organization or a medical research center?
환경 단체와 의료 연구 센터 중 어느 단체에 기부 하시겠습니까?

A. I would donate for an **environmental organization**, and here is why.
저는 환경 단체를 위해 기부할 것이고, 이것이 그 이유입니다.

First, it's **urgent** because environmental problems are **getting serious**.
첫째, 환경 문제가 심각해지고 있기 때문에 시급합니다.

Second, it's **critical**. So, we urgently need to **fix it**.
둘째, 위태롭습니다. 그래서, 우리는 그것을 시급히 고쳐야 합니다.

This is why.
이것이 이유입니다.

기부 콤보 - 의학 연구 기관 - Medical problems are urgent and critical.

Q21. Which organization would you donate for: an environmental organization or a medical research center?
환경 단체와 의료 연구 센터 중 어느 단체에 기부 하시겠습니까?

A. I would donate for **a medical research center**, and here is why.
저는 의료 연구 센터를 위해 기부할 것이고, 이것이 그 이유입니다.

First, it's urgent because many people suffer from incurable diseases.
첫째, 많은 사람들이 불치병을 앓고 있기 때문에 긴급합니다.

Second, it's necessary to save their lives.
둘째, 그들의 생명을 구하기 위해 꼭 필요합니다.

This is why.
이것이 이유입니다.

선물 콤보 (현금 선물) - A cash gift is optimal and preferable.

Q22. Do you think a cash gift can make a good birthday gift?
현금 선물이 좋은 생일 선물이 될 수 있다고 생각하나요?

A. I think **a cash gift** can make a good birthday gift, and here is why.
저는 현금 선물이 좋은 생일 선물이 될 수 있다고 생각하는데, 이것이 그 이유입니다.

First, it's optimal because cash is practical and useful.
첫째, 현금은 실용적이고 유용하기 때문에 최적입니다.

Second, it's preferable because everybody likes cash.
둘째, 모두가 현금을 좋아하기 때문에 더 좋습니다.

This is why.
이것이 이유입니다.

선물 콤보 (실용성) - A practical gift is valuable and usable.

Q23. Do you think being practical is important when choosing a gift for someone?
실용성이 누군가를 위한 선물을 고를 때 중요하다고 생각하나요?

A. I think **being practical** is important when choosing a gift for someone, and here is why.
저는 실용적인 것이 누군가를 위한 선물을 고를 때 중요하다고 생각하는데, 이것이 그 이유입니다.

First, it's valuable. I mean, a gift is worthy only when it's usable.
첫째, 가치가 있습니다. 제 말은, 선물은 쓸 수 있을 때만 가치가 있다는 것입니다.

Second, it's a manner. If a gift is not practical, that is almost a waste.
둘째, 매너입니다. 선물이 실용적이지 않다면, 그것은 거의 낭비입니다.

This is why.
이것이 이유입니다.

쓰레기 수거 콤보 - Collecting garbage more frequently is crucial and necessary.

Q24. How should the garbage collecting services in your area be improved?
당신 지역의 쓰레기 수거 서비스를 어떻게 개선해야 합니까?

A. I think they should **collect the garbage more frequently**, and here is why.
저는 그들이 쓰레기를 더 자주 수거해야 한다고 생각하는데, 이것이 그 이유입니다.

First, it's crucial for sanitation because it smells bad in summer.
첫째, 여름에는 냄새가 심하기 때문에 위생에 매우 중요합니다.

Second, it's necessary. When garbage piles up, it gets messy.
둘째, 꼭 필요합니다. 쓰레기가 쌓이면 지저분해집니다.

This is why.
이것이 이유입니다.

==가이드 투어 콤보== - A guided tour is convenient and comfortable.

Q25. What are the advantages of having a guided tour?
가이드 투어의 장점은 무엇입니까?

A. There are some **advantages of having a guided tour**.
가이드 투어의 장점이 몇 가지 장점이 있습니다.

First, it's **convenient** because they know **where to go** and what to see.
첫째, 그들은 어디로 가야 하고 무엇을 봐야 하는지 알기 때문에 편리합니다.

Second, it's **comfortable** because they **give a ride**.
둘째, 그들이 차를 태워 주기 때문에 편합니다.

This is why.
이것이 이유입니다.

==여행 콤보== - Visiting many places when traveling is valuable and better.

Q26. Do you like to visit many places when traveling abroad?
해외여행을 할 때 많은 곳을 방문하는 것을 좋아하나요?

A. **I like to visit many places** when traveling abroad, and here is why.
저는 해외 여행을 할 때 많은 장소를 방문하는 것을 좋아하는데, 이것이 그 이유입니다.

First, it's **valuable** because I can **see and experience** more things.
첫째, 더 많은 것을 보고 경험할 수 있기 때문에 가치가 있습니다.

Second, it's **better** because **staying at one place** is boring.
둘째, 한 곳에 머무는 것은 지루하기 때문에 더 낫습니다.

This is why.
이것이 이유입니다.

인터넷 업체 콤보 - The current Internet provider is gratifying and cost-effective.

Q27. Are you satisfied with your current Internet provider?
당신은 현재 인터넷 업체에 만족하십니까?

A. <u>I am satisfied with my current Internet provider</u>, and here is why.
저는 현재 인터넷 업체를 선호하는데, 이것이 그 이유입니다.

First, it's gratifying because they offer good services.
첫째, 좋은 서비스를 제공하기 때문에 만족스럽습니다.

Second, it's cost-effective because they offer services at a reasonable price.
둘째, 합리적인 가격에 서비스를 제공하기 때문에 비용 효율적입니다.

This is why.
이것이 이유입니다.

인터넷 검색 콤보 - I most search for work-information and it's obvious and necessary.

Q28. What kind of information do you most search for on the Internet?
당신은 인터넷에서 어떤 종류의 정보를 가장 많이 찾나요?

A. I most search for **work-related information** on the Internet, and here is why.
저는 주로 인터넷으로 업무 관련 정보를 검색하는데, 이것이 그 이유입니다.

First, it's obvious because I need lots of information for work.
첫째, 업무에 많은 정보가 필요하기 때문에 당연합니다.

Second, it's necessary because I need to collect data for work.
둘째, 업무에 필요한 데이터를 수집해야 하기 때문에 필수입니다.

This is why.
이것이 이유입니다.

Practice

영화/책 콤보 - Harry Porter is interesting and enjoyable.

Q1. What is your favorite book?
당신이 가장 좋아하는 책은 무엇입니까?

A. My favorite book is <u>Harry Porter</u>, and here is why.
제가 가장 좋아하는 책은 해리포터이고, 이것이 그 이유입니다.

First, it's _____ because its story is _____.
첫째, 스토리가 재미있고 유머러스 하기 때문에 흥미로워요.

Second, it's _____ because the main character is very _____.
둘째, 주인공이 굉장히 멋지고 매력 있어서 즐거워요.

This is why.
이것이 이유입니다.

가수 콤보 - BTS is attractive and amazing.

Q2. Who is your favorite singer?
당신이 가장 좋아하는 가수는 무엇입니까?

A. My favorite singer is <u>BTS</u>, and here is why.
제가 가장 좋아하는 가수는 BTS이고, 이것이 그 이유입니다.

First, they are _____ and their voices are _____.
첫째, 그들은 매력적이고 목소리도 정말 좋습니다.

Second, it's _____ because their songs are _____.
둘째, 그들의 노래가 전형적인 K-pop이기 때문에 대표적입니다.

This is why.
이것이 이유입니다.

쇼핑 콤보 - The City department store is approachable and convenient.

Q3. What is your favorite place to shop for items?
당신이 가장 좋아하는 쇼핑 장소는 어디입니까?

A. My favorite shopping mall is <u>the City Department store</u>, and here is why.
제가 가장 좋아하는 쇼핑몰은 시티백화점이고, 이것이 그 이유입니다.

First, it's _____ because it has a _____.
첫째, 위치가 좋아서 접근성이 좋습니다.

Second, it's _____ because they have _____.
둘째, 다양한 종류의 제품이 있어서 편리합니다.

This is why.
이것이 이유입니다.

음식점 콤보 - Taco Bell is worthy and cost-effective.

Q4. What is your favorite restaurant?
당신이 가장 좋아하는 식당은 어디입니까?

A. My favorite restaurant is <u>Taco Bell</u>, and here is why.
제가 가장 좋아하는 음식점은 Taco Bell이고, 이것이 그 이유입니다.

First, it's _____ because their food is _____.
첫째, 그들의 음식은 품질이 좋고 신선하기 때문에 가치가 있습니다.

Second, it's _____ because they offer meals _____.
둘째, 합리적인 가격으로 식사를 제공하기 때문에 비용 효율적입니다.

This is why.
이것이 이유입니다.

동네 좋은 곳 콤보 - The City Park is refreshing and relaxing.

Q5. What is your favorite place to visit in your area?
당신의 동네에서 가장 즐겨가는 곳은 어디입니까?

A. My favorite place to visit in my area is **the City Park**, and here is why.
제가 사는 지역에서 가장 좋아하는 곳은 시티 파크이고, 이것이 그 이유입니다.

First, that place is _____ because you can _____ in the park.
첫째, 그곳은 공원에서 신선한 공기를 마실 수 있기 때문에 상쾌합니다.

Second, it's _____ because the park is _____.
둘째, 공원이 아름답고 평화롭기 때문에 편안합니다.

This is why.
이것이 이유입니다.

브랜드 콤보 - Nike is trendy and worthy.

Q6. What is your favorite clothing brand?
당신이 가장 좋아하는 의류 브랜드는 무엇입니까?

A. My favorite clothing brand is **Nike**, and here is why.
제가 가장 좋아하는 의류 브랜드는 나이키이고, 이것이 그 이유입니다.

First, it's _____ and it reflects _____.
첫째, 트렌디하고 제 성격을 반영합니다.

Second, it's _____ because their products are _____.
둘째, 그들의 제품은 품질이 좋기 때문에 가치가 있습니다.

This is why.
이것이 이유입니다.

명성 콤보 - Reputation is reliable and trustworthy.

Q7. Do you consider reputation important when choosing a product?
물건을 고를 때, 명성을 중요하게 고려하시나요?

A. I consider **reputation** is important when choosing a product, and here is why.
저는 명성이 중요하다고 생각하며, 이것이 그 이유입니다.

First, it's _____ because _____.
첫째, 입소문이 진실하기 때문에 신뢰할 수 있습니다.

Second, it's _____ because a product with good reputation is _____.
둘째, 평판이 좋은 제품은 안전한 선택이기 때문에 신뢰할 수 있습니다.

This is why.
이것이 이유입니다.

직원 콤보 - A salesperson's recommendation is reliable and helpful.

Q8. Do you consider a salesperson's recommendation important when choosing a product?
물건을 고를 때, 판매직원의 추천을 중요하게 생각하시나요?

A. I consider a **salesperson's recommendation** important, and here is why.
저는 판매직원의 추천을 중요하게 생각하며, 이것이 그 이유입니다.

First, it's _____ because they are _____.
첫째, 그들은 훈련된 전문가이기 때문에 신뢰할 수 있습니다.

Second, it's _____ because they can tell which one is _____.
둘째, 어떤 것이 나에게 적합한지 알 수 있기 때문에 도움이 됩니다.

This is why.
이것이 이유입니다.

고객 리뷰 콤보 - Customer reviews are accurate and reliable.

Q9. Do you consider customer reviews important when choosing a product?
물건을 고를 때, 고객 리뷰를 중요하게 고려하시나요?

A. I consider **customer reviews** important, and here is why.
저는 고객 리뷰를 중요하게 생각하며, 이것이 그 이유입니다.

First, it's _____ because reviews are based on _____.
첫째, 리뷰는 실제 경험을 바탕으로 하기 때문에 정확합니다.

Second, it's _____ because they share _____.
둘째, 솔직한 의견을 공유하기 때문에 신뢰할 수 있습니다.

This is why.
이것이 이유입니다.

할인 콤보 - A discounted price is cost-effective and nice.

Q10. Do you consider a discounted price important when choosing a product?
물건을 고를 때, 할인가를 중요하게 고려하시나요?

A. I consider **a discounted price** important, and here is why.
저는 할인된 가격을 중요하게 생각하며, 이것이 그 이유입니다.

First, it's _____ because I can buy items at _____.
첫째, 저렴한 가격에 물건을 살 수 있어서 비용 효율적입니다.

Second, it's _____ because it _____.
둘째, 돈을 아낄 수 있어서 좋습니다.

This is why.
이것이 이유입니다.

가게 위치 콤보 - A store with good location is accessible and approachable.

Q11. Do you consider location important when choosing a store?
가게를 고를 때, 위치를 중요하게 고려하시나요?

A. I consider **location** important when choosing a store, and here is why.
저는 가게를 고를 때 위치를 중요하게 생각하며, 이것이 그 이유입니다.

First, it's always _____ because close shops are _____.
첫째, 가까운 상점은 쉽게 이용할 수 있기 때문에 항상 접근이 가능합니다.

Second, it's _____ because I have _____ to the shop.
둘째, 제가 가게에 쉽게 접근할 수 있기 때문에 접근성이 좋습니다.

This is why.
이것이 이유입니다.

서비스 콤보 - Good customer services are nice and pleasant.

Q12. Do you consider good customer services important when choosing a store?
가게를 고를 때, 좋은 고객 서비스를 중요하게 고려하시나요?

A. I consider **good customer services** important when choosing a store, and here is why.
저는 가게를 고를 때 좋은 고객 서비스를 중요하게 생각하며, 이것이 그 이유입니다.

First, it's _____. I mean, a good customer service _____.
첫째, 좋습니다. 제 말은, 좋은 고객 서비스는 제 기분을 좋게 해줍니다.

Second, it feels _____ because they _____.
둘째, 그들이 친절하게 대해줘서 기분이 좋습니다.

This is why.
이것이 이유입니다.

다양한 제품 콤보 - A wide selection of products is various and time saving.

Q13. Do you consider a wide selection of products important when choosing a store?
가게를 고를 때, 다양한 제품을 중요하게 고려하시나요?

A. I consider **a wide selection of products** important, and here is why.
저는 다양한 제품을 중요하게 생각하며, 이것이 그 이유입니다.

First, it's _____ because there are _____ to choose from.
첫째, 선택할 수 있는 옵션이 많기 때문에 다양합니다.

Second, it's _____ because I can _____.
둘째, 쇼핑을 빨리 할 수 있어서 시간이 절약됩니다.

This is why.
이것이 이유입니다.

인터넷 쇼핑 콤보 - Online shopping is convenient and accessible.

Q14. Which do you prefer: shopping on the Internet or shopping at a store?
인터넷으로 쇼핑하는 것과 상점에서 쇼핑하는 것 중 어느 것을 더 선호하나요?

A. I prefer **shopping on the Internet**, and here is why.
저는 인터넷 쇼핑을 더 좋아하며, 이유는 이것입니다.

First, it's _____ because I can _____.
첫째, 여러 항목을 비교할 수 있어 편리합니다.

Second, it's _____ because I can _____.
둘째, 쇼핑을 빨리 할 수 있어서 시간이 절약됩니다.

This is why.
이것이 이유입니다.

가게 쇼핑 콤보 - Shopping at a store is accurate and prompt.

Q15. Which do you prefer: shopping on the Internet or shopping at a store?
인터넷으로 쇼핑하는 것과 상점에서 쇼핑하는 것 중 어느 것을 더 선호하나요?

A. I prefer **shopping at a store,** and here is why.
저는 상점에서 쇼핑하는 것을 더 좋아하며, 이것이 그 이유입니다.

First, it's _____ because I can see or try products _____.
첫째, 제품을 직접 보거나 사용해 볼 수 있기 때문에 정확합니다.

Second, it's _____ because I can use the product _____.
둘째, 제품을 바로 사용할 수 있어서 신속합니다.

This is why.
이것이 이유입니다.

택시 콤보 - A taxi is faster and private.

Q16. What are the advantages of taking a taxi?
택시를 타는 것의 장점은 무엇입니까?

A. There are some **advantages of taking a taxi**.
택시를 타는 것에는 몇 가지 장점이 있습니다.

First, it's _____ compared to _____.
첫째, 버스나 지하철을 타는 것보다 더 빠릅니다.

Second, it's _____ because I don't travel with _____.
둘째, 다른 승객들과 함께 이동하지 않기 때문에 더 개인적입니다.

This is why.
이것이 이유입니다.

전철 콤보 - A train is cost-effective and punctual.

Q17. What are the advantages of taking a train?
전철을 타는 것의 장점은 무엇입니까?

A. There are some **advantages of taking a train**.
전철을 타는 것에는 몇 가지 장점이 있습니다.

First, it's _____ because it's _____ than taking a taxi.
첫째, 택시를 타는 것보다 저렴하기 때문에 비용 효율적입니다.

Second, it's _____. That means it's always _____.
둘째, 시간이 정확합니다. 그것은 항상 시간을 지킨다는 것을 의미합니다.

This is why.
이것이 이유입니다.

공연장 콤보 - Watching a performance in person is alive and memorable.

Q18. What are the advantages of watching a performance in person?
공연을 직접 보는 것의 장점은 무엇입니까?

A. There are some **advantages of watching a performance in person**.
공연을 직접 관람하는 것의 장점이 몇 가지 있습니다.

First, it feels _____ because watching it in person is _____.
첫째, 더 활기찹니다. 왜냐하면 공연을 직접 보는 것이 더 신나기 때문입니다.

Second, it's _____ so we can make _____.
둘째, 기억에 남아서 좋은 추억을 만들 수 있습니다.

This is why.
이것이 이유입니다.

집 콤보 - Watching a performance at home is cost-effective and relaxing.

Q19. What are the advantages of watching a performance at home?
공연을 집에서 보는 것의 장점은 무엇입니까?

A. There are some **advantages of watching a performance at home**.
공연을 집에서 관람하는 것의 장점이 몇 가지 있습니다.

First, it's _____ because I can _____.
첫째, 표를 사는 돈을 절약할 수 있기 때문에 비용 효율적입니다.

Second, it's _____ because my home is _____.
둘째, 우리 집이 더 편안하기 때문에 마음이 편합니다.

This is why.
이것이 이유입니다.

기부 콤보 (환경 단체) - Environmental problems are urgent and critical.

Q20. Which organization would you donate for: an environmental organization or a medical research center?
환경 단체와 의료 연구 센터 중 어느 단체에 기부 하시겠습니까?

A. I would donate for **an environmental organization**, and here is why.
저는 환경 단체를 위해 기부할 것이고, 이것이 그 이유입니다.

First, it's _____ because environmental problems are _____.
첫째, 환경 문제가 심각해지고 있기 때문에 시급합니다.

Second, it's _____. So, we urgently need to _____.
둘째, 위태롭습니다. 그래서, 우리는 그것을 시급히 고쳐야 합니다.

This is why.
이것이 이유입니다.

기부 콤보 - 의학 연구 기관 - Medical problems are urgent and critical.

Q21. Which organization would you donate for: an environmental organization or a medical research center?
환경 단체와 의료 연구 센터 중 어느 단체에 기부 하시겠습니까?

A. I would donate for <u>a medical research center</u>, and here is why.
저는 의료 연구 센터를 위해 기부할 것이고, 이것이 그 이유입니다.

First, it's _____ because many people suffer from _____.
첫째, 많은 사람들이 불치병을 앓고 있기 때문에 긴급합니다.

Second, it's _____ to _____.
둘째, 그들의 생명을 구하기 위해 꼭 필요합니다.

This is why.
이것이 이유입니다.

선물 콤보 (현금 선물) - A cash gift is optimal and preferable.

Q22. Do you think a cash gift can make a good birthday gift?
현금 선물이 좋은 생일 선물이 될 수 있다고 생각하나요?

A. I think <u>a cash gift</u> can make a good birthday gift, and here is why.
저는 현금 선물이 좋은 생일 선물이 될 수 있다고 생각하는데, 이것이 그 이유입니다.

First, it's _____ because cash is _____.
첫째, 현금은 실용적이고 유용하기 때문에 최적입니다.

Second, it's _____ because everybody _____.
둘째, 모두가 현금을 좋아하기 때문에 더 좋습니다.

This is why.
이것이 이유입니다.

선물 콤보 (실용성) - A practical gift is valuable and usable.

Q23. Do you think being practical is important when choosing a gift for someone?
실용성이 누군가를 위한 선물을 고를 때 중요하다고 생각하나요?

A. I think <u>being practical</u> is important when choosing a gift for someone, and here is why.
저는 실용적인 것이 누군가를 위한 선물을 고를 때 중요하다고 생각하는데, 이것이 그 이유입니다.

First, it's _____. I mean, a gift is worthy only _____.
첫째, 가치가 있습니다. 제 말은, 선물은 쓸 수 있을 때만 가치가 있다는 것입니다.

Second, it's a _____. If a gift is not practical, that is _____.
둘째, 매너입니다. 선물이 실용적이지 않다면, 그것은 거의 낭비입니다.

This is why.
이것이 이유입니다.

쓰레기 수거 콤보 - Collecting garbage more frequently is crucial and necessary.

Q24. How should the garbage collecting services in your area be improved?
당신 지역의 쓰레기 수거 서비스를 어떻게 개선해야 합니까?

A. I think they should <u>collect the garbage more frequently</u>, and here is why.
저는 그들이 쓰레기를 더 자주 수거해야 한다고 생각하는데, 여기 그 이유가 있습니다.

First, it's _____ for sanitation because it _____ in summer.
첫째, 여름에는 냄새가 심하기 때문에 위생에 매우 중요합니다.

Second, it's _____. When garbage piles up, it _____.
둘째, 꼭 필요합니다. 쓰레기가 쌓이면 지저분해집니다.

This is why.
이것이 이유입니다.

가이드 투어 콤보 - A guided tour is convenient and comfortable.

Q25. What are the advantages of having a guided tour?
가이드 투어의 장점은 무엇입니까?

A. There are some **advantages of having a guided tour**.
가이드 투어의 장점이 몇 가지 장점이 있습니다.

First, it's _____ because they know _____ and what to see.
첫째, 그들은 어디로 가야 하고 무엇을 봐야 하는지 알기 때문에 편리합니다.

Second, it's _____ because they _____.
둘째, 그들이 차를 태워 주기 때문에 편합니다.

This is why.
이것이 이유입니다.

여행 콤보 - Visiting many places when traveling is valuable and better.

Q26. Do you like to visit many places when traveling abroad?
당신은 해외여행을 할 때 많은 곳을 방문하는 것을 좋아하나요?

A. I **like to visit many places** when traveling abroad, and here is why.
저는 해외 여행을 할 때 많은 장소를 방문하는 것을 좋아하는데, 이것이 그 이유입니다.

First, it's _____ because I can _____ more things.
첫째, 더 많은 것을 보고 경험할 수 있기 때문에 가치가 있습니다.

Second, it's _____ because _____ is boring.
둘째, 한 곳에 머무르는 것은 지루하기 때문에 더 낫습니다.

This is why.
이것이 이유입니다.

인터넷 업체 콤보 - The current Internet provider is gratifying and cost-effective.

Q27. Are you satisfied with your current Internet provider?
당신은 현재 인터넷 업체에 만족하십니까?

A. <u>I am satisfied with my current Internet provider</u>, and here is why.
저는 현재 인터넷 업체를 선호하는데, 이것이 그 이유입니다.

First, it's _____ because they offer _____.
첫째, 좋은 서비스를 제공하기 때문에 만족스럽습니다.

Second, it's _____ because they offer services _____.
둘째, 합리적인 가격에 서비스를 제공하기 때문에 비용 효율적입니다.

This is why.
이것이 이유입니다.

인터넷 검색 콤보 - I most search for work-information and it's obvious and necessary.

Q28. What kind of information do you most search for on the Internet?
당신은 인터넷에서 어떤 종류의 정보를 가장 많이 찾나요?

A. I most search for <u>work-related information</u> on the Internet, and here is why.
저는 주로 인터넷으로 업무 관련 정보를 검색하는데, 이것이 그 이유입니다.

First, it's _____ because I need _____ for work.
첫째, 업무에 많은 정보가 필요하기 때문에 당연합니다.

Second, it's _____ because I need to _____.
둘째, 업무에 필요한 데이터를 수집해야 하기 때문에 필수입니다.

This is why.
이것이 이유입니다.

✅ 예제 답변

- **Q1.** interesting / fun and humorous / enjoyable / attractive and appealing
- **Q2.** attractive / amazing / representative / typical K-pop
- **Q3.** approachable / good location / convenient / various types of products
- **Q4.** worthy / high quality and fresh / cost-effective / at reasonable prices
- **Q5.** refreshing / get fresh air / relaxing / beautiful and peaceful
- **Q6.** trendy / my personality / worthy / high-quality
- **Q7.** reliable / word-of-mouth is real / trustworthy / a safe choice
- **Q8.** reliable / trained professionals / helpful / suitable for me
- **Q9.** accurate / their actual experience / reliable / honest opinions
- **Q10.** cost-effective / a lower price / nice / saves my money
- **Q11.** accessible / readily available / approachable / easy access
- **Q12.** nice / makes me feel better / pleasant / treat me nicely
- **Q13.** various / many options / time saving / shop quickly
- **Q14.** convenient / compare many items / time-saving / shop quickly
- **Q15.** accurate / in person / prompt / right away
- **Q16.** faster / taking a bus or subway / private / other passengers
- **Q17.** cost-effective / cheaper / punctual / on time
- **Q18.** alive / more exciting / memorable / good memories
- **Q19.** cost-effective / save money on tickets / relaxing / more comfortable
- **Q20.** urgent / getting serious / critical / fix it
- **Q21.** urgent / incurable diseases / necessary / save their lives
- **Q22.** optimal / practical and useful / preferable / likes cash
- **Q23.** valuable / when it's usable / manner / almost a waste
- **Q24.** crucial / smells bad / necessary / gets messy
- **Q25.** convenient / where to go / comfortable / give a ride
- **Q26.** valuable / see and experience / better / staying at one place
- **Q27.** gratifying / good services / cost-effective / at a reasonable price
- **Q28.** obvious / lots of information / necessary / collect data for work

표 보고 질문에 답하기
Respond to Questions Using Information Provided

Question 8-10

파트의 특성
Respond to Questions Using Information Provided (Q8-10)

✅ 시험 기본정보

문항 번호	문제 유형	준비 시간	답변 시간	평가 기준	채점용 점수
Q8~10	표 보고 질문에 답하기 Respond to questions using information provided	표 읽는 시간 45초 답변 준비시간 8번: 3초 9번: 3초 10번: 3초	8번: 15초 9번: 15초 10번: 30초	발음, 억양 및 강세, 문법, 어휘, 일관성, 내용의 적절성, 내용의 완성도	3점 만점

* 8,9번은 질문을 한 번 들려주며, 10번은 질문을 두 번 들려줍니다.

✅ 평가기준 세부사항

점수	점수대 별 응답의 특성
3점	질문에 대해 적절하게 응답하며, 표에서 얻어낸 정보가 정확합니다.
2점	질문에 대해 연관성 있는 응답을 하지만, 표에서 얻어낸 정보가 완벽하지 않거나 부분적으로 부정확합니다.
1점	질문에 대해 적절하게 응답하지 못하며, 표에서 얻어낸 정보가 쓸모 없는 내용이거나 부정확합니다.
0점	무응답이거나 답변과 과제 간의 연관성이 전혀 없습니다.

표 보고 질문에 답하기 템플릿 & Practice

[1] 월례 회의 일정표

City Electronics
Human Resources Department's Monthly Meeting
Grandview Central Conference Room
Saturday, December 4

10-11 A.M.	Presentation: Advanced skills on technology	Michael Lauren
11 A.M.-Noon	Workshop: How to train new employees fast	Todd Hwang
Noon-1 P.M.	Lunch (included in registration fee)	
1-2 P.M.	Lecture: Management skills of current employees	Elizabeth Lohan
2-3 P.M.	Discussion: Technology and leaning skills	William Firth
3-4 P.M.	Lecture: How to increase job satisfaction	Teddy Kim

✓ Q8, 9, 10 핵심 템플릿

Q8	언제 어디서 열리나요?	It will take place on (날짜) in (장소).
	장소는 어디예요?	Its location is (장소).
	첫 번째 일정은 무엇입니까?	The first session is (세션) about (주제)
Q9	제가 뭘 놓치나요?	Well, you won't miss any sessions.
	점심 비용은 별도인가요?	Lunch is included in the registration fee.
Q10	워크샵의 세부사항을 모두 알려주세요.	Sure, there are two workshops. The first one is (주제) at (시각). The second one is (주제) at (시각).

✓ Practice

Q8. On what date will this monthly meeting be held? What is the venue of it?
월례 회의는 며칠 날 진행되나요? 장소는 어디예요?

A. It will _____ on December 4th in Grandview Central Conference Room.
회의는 12월 4일에 Grandview Central 센트럴 회의실에서 진행될 예정이에요.

Q9. How much do I have to pay to have lunch during the conference?
회의 중에 점심 식사를 하려면 얼마를 지불해야 하나요?

A. Well, actually, lunch is _____ in the registration fee.
점심은 신청비에 포함되어 있어요.

Q10. I am very interested in lectures in this conference. Could you tell me all the details of the lectures in this conference?
이번 회의에서 진행되는 모든 강연에 대해 관심이 많습니다. 강연에 관한 모든 세부 사항을 알려주시겠어요?

A. Sure. There are two lectures. _____ is about 'Management skills of current employees' by Elizabeth Lohan. _____ from 1 to 2:00 P.M. _____ is about 'How to increase job satisfaction' by Teddy Kim. _____ from 3:00 to 4:00 P.M.
네. 총 두 개의 강연이 있어요. 첫 번째는 Elizabeth Lohan 씨가 '현 임직원의 관리능력'에 관해 강연하실 거예요. 오후 1시부터 2시까지 진행되고요. 두 번째는, Teddy Kim 씨가 '직업 만족도 상승'에 관한 강연을 하실 거예요. 오후 3시부터 4시까지 진행됩니다.

✓ 예제 답변

Q8. take place
Q9. included
Q10. The first one / It will be / The second one / It will be

[2] 이력서

Jennifer Lauren
702 College Avenue, New Brunswick, New Jersey 29830
Phone (679) 523-2098
E-mail: Jlauren@msports.com

Position Applied	Journalist for All That Sports Magazine
Education	Master's degree in Public Writing: Rutgers University (2011) Bachelor's degree in Literature: Camden University (2009)
Work Experience	Journalist: Monument Sports Magazine (2012-present) Assistant Journalist: Henry Tailor's Local News (2011-2012)
Qualifications and Skills	Fluent in German and Japanese Certificate in Website design and management

✅ Q8, 9, 10 핵심 템플릿

Q8	학위 정보를 알려주세요	He/She got a (학위) in (전공) from (학교) in (졸업 연도).
Q9	외국어를 잘 하나요?	He/She is fluent in (언어). So, he/she is qualified for the position.
	관련 자격증이 있나요?	He/she has a certificate in this area.
Q10	경력사항을 모두 말해주세요.	He/She (had) worked for (근무지) from (입사 연도) to (퇴사 연도) → 과거 경력 He's/She's been working for 근무지 since (시작 연도). → 현재 경력

✓ Practice

Q8. When did Jennifer get her master's degree? And what university did she get it from?
Jennifer는 언제 석사 학위를 취득했나요? 그리고 그녀는 어떤 대학에서 그것을 취득하였나요?

A. She _____ a master's degree in public writing from Rutgers University in 2011.
그녀는 2011년에 Rutgers 대학교에서 'public writing' 전공으로 석사 학위를 취득했어요.

Q9. We often need to interview celebrities from Japan. So, we want to hire someone who is proficient in Japanese. Do you think she is qualified for the position?
저희는 종종 일본의 유명 인사들을 인터뷰해야 합니다. 그래서 일어를 아주 잘하는 사람을 고용하고 싶은데, Jennifer가 적절한가요?

A. Yes, she is _____ in Japanese. So, I am sure she is _____ for the position.
네, Jennifer는 일어를 유창하게 합니다. 이 포지션에 적절한 지원자입니다.

Q10. Can you give me all the details of her career experience?
그녀의 경력사항에 대해 모두 알려주시겠어요?

A. Sure. First, _____ as an assistant journalist in Henry Tailor's Local News from 2011 to 2012. Second, _____ as a journalist in Monument Sports Magazine since 2012.
네. 첫 번째로 Henry Tailor's Local News에서 2011년부터 2012년까지 보조 기자로 일했습니다.
두 번째로, Monument Sports Magazine에서 기자로 현재 근무중이며, 2012년부터 근무했습니다.

✓ 예제 답변

Q8. got
Q9. fluent/ qualified
Q10. she worked/ she's been working

[3] 면접

Debby's Restaurant
Job interview schedules (new branch)
Tuesday, August 29

Time	Job candidates	Applied Position	Current Employer
09:30 AM	William Carol	Supervisor	Cindy's Cafe
10:00 AM	Karen Copper	Cook	Willy's Pasta
10:30 AM	Colin Smith	Coordinator	Gourmet Restaurant
11:00 AM	Linsay Raynold	Staff	Centraul Buffie
Noon	Brad Tailor	Cook	Gourmet Restaurant
12:30 PM	Jafferson Clark	Assistant Coordinator	Grandeur Hotel
~~1:00 PM~~	~~Chandler Robin~~	~~Staff~~ *canceled*	~~Jersey Central Cafe~~

✅ Q8, 9, 10 핵심 템플릿

Q8	첫 번째 면접은 몇 시입니까?	The first interview is at (시각).
Q9	그 인터뷰는 진행될 예정이죠?	No, actually, the interview has been canceled.
Q10	현재 OO에서 근무하는 지원자들 면접 정보를 모두 알려주세요.	Sure, there are two candidates from (근무지). First, there is an interview at (시각) with (지원자) for the (직위) position. Second, there is an interview at (시각) with (지원자) for the (직위) position.

✓ Practice

Q8. Who is the first candidate that I'll be interviewing, and what time is the interview?
첫 번째 면접의 지원자는 누구인가요? 면접은 몇 시죠?

A. _____ is at 9:30 A.M. with William Carol for the supervisor position.
첫 번째 면접은 오전 9시 30분이고, 수퍼바이저 포지션에 지원한 William Carol를 면접을 보실 겁니다.

Q9. I remember I am supposed to interview an applicant who wants the position of assistant coordinator. That's in the morning, right?
보조 담당자 포지션에 지원한 사람을 면접 본다고 알고 있습니다. 그 면접이 오전 맞죠?

A. _____ it's not in the morning. _____ for the assistant coordinator position is at 12:30 P.M.
아니요, 그 면접은 오전이 아니에요. 보조 담당자 포지션 면접은 오후 12시 30분에 진행됩니다.

Q10. I've heard the employees from Gourmet Restaurant are highly qualified. Could you tell me all the details about the applicants who work at Gourmet Restaurant?
고메 식당의 임직원들이 훌륭하다고 들었습니다. 고메 식당에서 근무하는 지원자들 면접 정보를 모두 알려주시겠어요?

A. Sure, there are two candidates from Gourmet Restaurant. First, _____ at 10:30 A.M. with Colin Smith for the Coordinator position. Second, _____ at Noon with Brad Tailor for the cook position.
네, 고메 식당에서 근무하는 지원자는 두 명입니다. 첫 번째로 오전 10시 30분에 담당자 포지션에 지원한 Colin Smith의 면접이 있습니다. 두 번째로, 정오에 요리사 포지션에 지원한 Brad Tailor의 면접이 있습니다.

✓ 예제 답변

> **Q8.** The first interview
> **Q9.** No, actually, / The interview
> **Q10.** there is an interview / there is an interview

[4] 출장 일정

Grantel Pharmaceuticals
Travel itinerary
Ramon Chandler, vice president

Depart, Boston, Starlight airlines, flight 201, seat 13C	09:00 A.M. July 20
Arrive, Los Angeles	10:30 A.M. July 20
Depart, Los Angeles, Starlight airlines, flight 289, seat 41B	08:15 A.M. July 24
Arrive, Boston	09:45 A.M. July 24
Accommodation -Grandeur hotel, room 701 (deluxe room) -Buffet breakfast available every morning -Free shuttle bus to airport	

✅ Q8, 9, 10 핵심 템플릿

Q8, 9	몇 시에 어디에서 출발하나요?	You will depart (from) (출발지) at (시각).
	어떤 교통편을 이용하나요?	You will use (교통편).
	몇 시에 어디로 도착하나요?	You will arrive in (도착지) at (시각).
Q10	돌아오는 일정을 모두 알려주세요.	You will depart from (출발지) at (시각) with (교통편). Then, you will arrive in (도착지) at (시각).

✓ Practice

Q8. Which airlines will I use when flying to Los Angeles? And what time will I arrive in Los Angeles?
로스앤젤레스로 갈 때 어떤 항공편을 이용하나요? 그리고 로스앤젤레스에 몇 시에 도착하죠?

A. You _____ Starlight airlines, flight 201 to Los Angeles and your seat number is 13C. Then, you will _____ Los Angeles at 10:30 A.M. on July 20th.
로스앤젤레스에 가실 때 Starlight 항공, 201편을 타실 예정이고 좌석 번호는 13C입니다. 그리고 7월 20일 오전 10시 30분에 도착 예정입니다.

Q9. When I get to the airport from the hotel, do I have to take a taxi?
호텔에서 공항으로 갈 때, 제가 택시를 타야 하나요?

A. No, there is _____ from the hotel to the airport. So, you don't need to _____.
아니요, 호텔부터 공항까지 가는 무료 셔틀버스가 있어요. 택시를 타실 필요가 없습니다.

Q10. Could you give me all the details of my return trip?
돌아오는 일정의 세부 사항을 모두 알려주시겠어요?

A. Sure. First, you will _____ Los Angeles with Starlight airlines, flight 289, seat 41B at 8:15 A.M. on July 24th. Then, you will _____ Boston at 9:45 A.M. on July 24th.
네, 첫 번째로 로스앤젤레스에서 7월 24일 오전 8시 15분에 출발이고, Starlight 항공, 289편, 좌석 41B를 이용하실 거예요. 그리고 보스턴에 7월 24일 오전 9시 45분에 도착하실 겁니다.

✓ 예제 답변

Q8. will use / arrive in
Q9. a free shuttle bus / take a taxi
Q10. depart from / arrive in

[5] 수업

Bon Appétit Cooking Community
Schedule of cooking classes
Date: April 12 - June 20
Registration Deadline: April 10 (in-store or online), 40$/class

Class	Day	Time
Basics for cooking (beginners)	Mondays	Noon-3 P.M.
Japanese traditional food (intermediate)	Tuesdays	2-4 P.M.
French baked goods (advanced)	Wednesdays	1-5 P.M.
Soups and salads (beginners)	Thursdays	9 A.M.-Noon
Italian regional specialties (intermediate)	Fridays	4-6 P.M.
~~Trendy Chinese snacks (advanced)~~ *canceled*	~~Saturdays~~	~~3-5 P.M.~~

✓ Q8, 9, 10 핵심 템플릿

Q8	등록 마감일이 언제입니까?	The registration deadline is (날짜).
	등록비는 얼마예요?	The registration fee is (금액).
Q9	그 수업은 신청이 가능한가요?	The (수업명) class has been canceled. So, you can't register for it.
Q10	초급자가 들을 수 있는 수업을 모두 알려주세요.	Sure, there are two classes for beginners. First, there is a class (수업명) on (날짜) at (시각). Second, there is a class (수업명) on (날짜) at (시각).

✓ Practice

Q8. When is the deadline to register for the cooking classes? And where can I register?
수업 등록 마감일은 언제입니까? 어디서 등록할 수 있죠?

A. _____ is April 10th and you can _____ at the store or on the website.
등록 마감일은 4월 10일이며 방문 등록 또는 온라인 등록이 가능합니다.

Q9. I heard that I could take a class 'Italian regional specialties' on Thursdays. Is that right?
'이탈리아 지역 음식'이란 수업을 목요일에 들을 수 있다는 게 맞나요?

A. _____, "Italian regional specialties" is on Fridays from 4:00 to 6:00 P.M.
아니에요, '이탈리아 지역 음식' 수업은 금요일 오후 4시부터 6시까지 진행됩니다.

Q10. I don't have that much experience in cooking, so I want to take classes for beginners. Could you give me all the information about the classes for beginners?
저는 요리를 해본 경험이 별로 없어서, 초급자 수업을 듣고 싶습니다. 초급자를 대상으로 하는 수업의 세부 사항을 모두 알려주시겠어요?

A. Sure. _____ for beginners. First, _____ "Basics for cooking" on Mondays from Noon to 3:00 P.M. Second, _____ "Soups and salads" on Thursdays from 9:00 A.M. to Noon.
네, 초급자를 대상으로 하는 수업은 총 두 개 있습니다. 첫 번째로 '요리의 기초'가 월요일 정오부터 오후 3시까지 진행됩니다. 두 번째로 '스프와 샐러드'가 목요일 오전 9시부터 정오까지 진행됩니다.

✓ 예제 답변

Q8. The registration deadline / register
Q9. No, actually
Q10. There are two classes / there is a class / there is a class

의견 말하기
Express an Opinion

Question 11

파트의 특성
Express an Opinion (Q11)

✅ 시험 기본정보

문항 번호	문제 유형	준비 시간	답변 시간	평가 기준	채점용 점수
Q11	의견 말하기 Express an opinion	45초	60초	발음, 억양 및 강세, 문법, 어휘, 일관성, 내용의 적절성, 내용의 완성도	5점 만점

✅ 평가기준 세부사항

점수	점수대 별 응답의 특성
5점	응답이 모든 과제를 성공적으로 수행했고 이를 쉽게 알아들을 수 있으며 조리 있고 일관적입니다.
4점	응답이 모든 과제를 적절하게 수행했지만, 완벽하게 전개되었다고 하기엔 조금 부족합니다. 일반적으로 알아듣기 쉽고 일관되며 조리가 있으나 작은 실수가 있습니다.
3점	문제에 적절한 답변을 하려고 시도하나 과제의 전부 또는 일부를 무시했습니다. 말뜻은 이해할 수 있으나 표현 능력과 전체적인 일관성에 문제가 있습니다. 따라서 몇 군데에서 말뜻이 모호합니다.
2점	내용과 일관성이 매우 빈약하고 말뜻을 알아듣기 힘듭니다.
1점	문제에 대한 최소 수준의 반응을 하거나 화면의 지시문을 이해하지 못했습니다.
0점	무응답이거나 답변과 과제 간의 연관성이 전혀 없습니다.

답변 구성 전략

✅ Q11 답변 템플릿
- 다음 템플릿을 활용하여 질문에 대한 의견과 근거를 답변으로 구성하세요.
- Q11 답변 템플릿을 형용사 템플릿과 함께 활용하시면 고득점 달성에 유리합니다.

Q11 답변 템플릿 활용 예시

Q11. Do you think a leader should be a good communicator to be effective?
당신은 리더가 효과적이기 위해 소통을 잘 해야 한다고 생각하나요?

입장문	I think a leader should be a good communicator to be effective. 저는 리더가 효과적이기 위해 소통을 잘 해야 한다고 생각합니다. There are two reasons. 두 가지 이유가 있습니다.
이유1	First, it's crucial. (형용사템) 첫째, 매우 중요합니다.
세부 내용	For example, it will increase work efficiency. (콤보북템) 예를 들어, 그것은 업무 효율을 높일 것입니다.
이유 2	Second, it's productive. (형용사템) 둘째, 생산적입니다
세부내용	For instance, the leader can resolve conflicts quickly. (콤보북템) 예를 들어, 리더는 갈등을 빠르게 해결할 수 있습니다.
끝맺음	Although it could be different for each occasion, I think it makes sense in general. 상황마다 다를 수 있지만, 제 생각이 맞다고 생각합니다. (대체적으로 말이 된다고 생각합니다.) These are the reasons why I think in this way. (만능템) 이것이 제가 이렇게 생각하는 이유입니다.

형용사 템플릿 Top 80

✔ 형용사 템플릿 Top.80
○ 구체적인 의미를 가지고 있는 형용사를 활용하여, 빠르게 논지를 전달하고 답변 양을 늘릴 수 있습니다.

1.	accomplishing 성취감을 주는	21.	engaging 매력 있는, 더 집중하게 되는
2.	accurate 정확한	22.	enjoyable 재미있는
3.	affordable 가격이 알맞은, 저렴한	23.	essential 필수적인
4.	amazing 대단한, 놀라운	24.	excellent 우수한
5.	appealing 매력적인, 흥미로운	25.	exciting 신나는
6.	applicable 실용적인, 적용할 수 있는	26.	fair 공평한
7.	approachable 접근하기 쉬운	27.	fast 빠른
8.	a plus 추가적인 이점으로	28.	flourishing (아이들이) 잘 성장하는
9.	beneficial 유익한	29.	frustrating 불만스러운
10.	cost-effective 비용 효율이 좋은	30.	glorious 영광스러운
11.	costly 비싼	31.	good 좋은
12.	critical 결정적인	32.	grateful 감사하는
13.	crucial 중대한	33.	gratifying 만족스러운
14.	convenient 쉬운	34.	healthy 건강한
15.	distracting 방해되는	35.	helpful 도움이 되는
16.	easy 쉬운	36.	hopeful 유망한
17.	economical 경제적인	37.	impactful 임팩트가 있는
18.	educational 교육적인	38.	important 중요한
19.	effective 효과적인	39.	ineffective 효과적이지 못한
20.	efficient 효율적인	40.	informative (정보가 많아) 유익한

41.	intensive 집중적인, 집약적인	61.	relaxing (몸 또는 마음이) 편안한
42.	inspiring 영감을 주는	62.	respectable 존경할 만한, 훌륭한
43.	intelligent 똑똑한	63.	restful (마음이) 편안한
44.	limiting 제한적인	64.	rewarding 보람이 있는
45.	lively 기운이 넘치는	65.	skillful 능숙한
46.	magnificent 매우 아름다운, 감명 깊은	66.	smooth 부드러운, 원활한
47.	motivating 동기부여가 되는	67.	special 특별한
48.	nice 좋은	68.	stress-free 스트레스가 없는
49.	optional 필수가 아닌	69.	stressful 스트레스가 많은
50.	optimal 최적인	70.	strict 엄격한
51.	pleasant 기분이 좋은	71.	time-consuming 시간이 많이 걸리는
52.	powerful 강한	72.	time-saving 시간이 절약되는
53.	practical 실용적인	73.	trustworthy 신뢰할 수 있는
54.	precious 귀한	74.	unhealthy 건강에 해로운
55.	preferable 더 나은	75.	unprofitable 무익한
56.	productive 생산적인	76.	useful 유용한
57.	professional 전문적인	77.	valuable 가치 있는, 소중한
58.	ready 준비된	78.	wise 지혜로운
59.	recognized 인정받는	79.	worth it 가치가 있는
60.	refreshing 상쾌한, 기분이 좋아지는	80.	unforgettable 잊을 수 없는

의견 말하기 템플릿

비즈니스-임직원의 덕목

Q1. Why do employees with a lot of work experience work well?
업무 경험이 많은 임직원이 일을 잘하는 이유는 무엇입니까?

An employee with a lot of experience can work well for two reasons.
업무 경험이 많은 임직원이 일을 잘 하는 이유는 두 가지입니다.

First, the employee is skillful.
첫째, 그 직원은 능숙합니다.
For example, the employee can make fewer mistakes and achieve goals faster.
예를 들어, 그 직원은 실수를 덜 하고, 목표를 빠르게 달성할 수 있습니다.

Second, the employee is fast.
둘째, 그 직원은 빠릅니다.
For instance, the employee can solve problems quickly.
예를 들면, 그 직원은 문제를 빠르게 해결할 수 있습니다.

These are the reasons.
이것들이 이유입니다.

Q2. Is being sociable an important qualification of an employee?
사교성이 직원의 중요한 자격요건인가요?

Being sociable is an important qualification of an employee for two reasons.
두 가지 이유로, 사교성은 직원의 중요한 자격요건입니다.

First, it's crucial.
첫째, 중대한 요소입니다.
For example, they can create a positive atmosphere and work under less pressure.
예를 들어, 긍정적인 분위기를 형성하고 압박이 덜 한 상황에서 일할 수 있습니다.

Second, it's helpful.
둘째, 도움이 됩니다.
For instance, they can strengthen their teamwork, and cooperate more effectively.
예를 들면, 팀워크를 강화하고 더 효과적으로 협업할 수 있습니다.

These are the reasons.
이것들이 이유입니다.

의견 말하기 Question 11

Q3. Should a manager have good management skills to be effective?
관리자는 효과적이기 위해 좋은 경영 기술을 가져야 합니까?

A manager should have good management skills to be effective for two reasons.
두 가지 이유로, 관리자는 효과적이기 위해 좋은 경영 기술을 가져야 합니다.

First, it's efficient.
첫째, 효율적입니다.
For example, he knows what is more important and urgent.
예를 들어, 어떤 업무가 더 중요하고 급한지 잘 압니다.

Second, it's optimal.
둘째, 최적입니다.
For instance, he can plan ahead and multitask in an effective manner.
예를 들면, 미리 계획하고 효과적으로 다양한 업무를 진행할 수 있습니다.

These are the reasons.
이것들이 이유입니다.

Q4. Do you think employees should have a challenging spirit to be successful?
성공하기 위해서는 직원들이 도전 정신을 가져야 한다고 생각하십니까?

I think employees should have a challenging spirit to be successful for two reasons.
두 가지 이유로, 성공하기 위해서는 직원들이 도전 정신을 가져야 한다고 생각합니다.

First, it's useful.
첫째, 유용합니다.
For example, he can deal with challenges and make better achievements.
예를 들어, 어려운 일을 해내고 더 나은 결과를 만들 수 있습니다.

Second, it's inspiring.
둘째, 영감을 줍니다.
For instance, he can be a good motivator and make others actively involved.
예를 들면, 좋은 동기부여가 되고 다른 직원들이 적극적으로 참여하도록 만듭니다.

These are the reasons.
이것들이 이유입니다.

Q5. Should managers have good communication skills to be successful?
관리자들은 성공하기 위해 좋은 의사소통 기술을 가져야 합니까?

Managers should have good communication skills to be successful for two reasons.
두 가지 이유로, 관리자들은 성공하기 위해 좋은 의사소통 기술을 가져야 합니다.

First, it's practical.
첫째, 실용적입니다.
For example, he can express his points clearly and reduce misunderstandings.
예를 들어, 본인의 의사표현을 명확히 하고 오해를 줄일 수 있습니다.

Second, it's professional.
둘째 전문적입니다.
For instance, he can give a good impression and keep a good reputation.
예를 들면, 좋은 인상을 주고 좋은 평판을 유지할 수 있습니다.

These are the reasons.
이것들이 이유입니다.

비즈니스-직업 만족도 요소

Q6. Do you think it is good to give extra rewards to employees?
직원들에게 추가 보상을 주면 좋다고 생각하십니까?

Giving extra rewards to employees is good for two reasons.
두 가지 이유로, 직원들에게 추가 보상을 주면 좋다고 생각합니다.

First, it's helpful.
첫째, 도움이 됩니다.
For example, this will increase job satisfaction and help workers work in an optimistic mood.
예를 들어, 직업 만족도를 높이고 긍정적인 마음으로 일할 수 있도록 도와줍니다.

Second, it's motivating.
둘째, 동기부여가 됩니다.
For instance, an employee can feel rewarded and have a sense of fulfillment.
예를 들면, 직원은 보람을 느끼고 성취감을 가질 수 있습니다.

These are the reasons.
이것들이 이유입니다.

Q7. Do you think it is good to have diverse job experience?
다양한 직업 경험을 쌓는 것이 좋다고 생각하십니까?

Having diverse job experience is good for two reasons.
다양한 직업 경험을 쌓는 것이 좋은 이유는 두 가지입니다.

First, it's practical.
첫째, 실용적입니다.
For example, we can broaden our perspectives and build a strong career.
예를 들어, 식견을 넓히고 탄탄한 커리어를 쌓을 수 있습니다.

Second, it's efficient.
둘째, 효과적입니다.
For instance, he can develop flexibility and adaptability.
예를 들면, 융통성과 적응력을 기를 수 있습니다.

These are the reasons.
이것들이 이유입니다.

Q8. Do you think it is critical to do a job that you like?
좋아하는 일을 하는 것이 중요하다고 생각하십니까?

Doing a job that you like is critical for two reasons.
좋아하는 일을 하는 것이 중요하다고 생각하는 이유는 두 가지입니다.

First, it's important.
첫째, 중요합니다.
For example, it's a huge portion in life and we will live with a more positive mindset.
예를 들어, 이것은 삶의 큰 부분을 차지하고 우리는 좀 더 긍정적인 마음으로 살 것입니다.

Second, it's professional.
둘째, 전문적입니다.
For instance, we can perform better and get more recognition and respect.
예를 들면, 더 좋은 성과를 내고 더 많은 인정과 존경을 받을 것입니다.

These are the reasons.
이것들이 이유입니다.

Q9. What are the advantages of getting a high-paying job?
고임금 직장을 얻는 것의 이점은 무엇입니까?

There are some advantages of getting a high-paying job.
고임금 직장을 얻는 것에는 몇 가지 이점이 있습니다.

First, it's **satisfying**.
첫째, 만족스럽습니다.
For example, I can **enjoy** more things, and this will make me more **content** with my job.
예를 들어, 더 많은 것들을 즐길 수 있고 제 일에 더 만족하게 만들어줍니다.

Second, it's **motivating**.
둘째, 동기부여가 됩니다.
For instance, the company **values** my abilities and performances.
예를 들면, 회사가 저의 능력과 성과를 가치 있게 여깁니다.

These are the reasons.
이것들이 이유입니다.

Q10. What are the advantages of working for a start-up company?
신생 기업에서 일하는 것의 장점은 무엇입니까?

There are some advantages of working for a start-up company.
신생 기업에서 일하는 것의 장점은 몇 가지가 있습니다.

First, it's **beneficial**.
첫째, 유익합니다.
For example, I can cover more **roles and responsibilities**.
예를 들어, 더 많은 역할과 책임을 맡을 수 있습니다.

Second, it's **helpful**.
둘째, 도움이 됩니다.
For instance, there is more **networking**. I can build up more relationships with people.
예를 들어, 더 많은 교류가 있습니다. 저는 사람들과 더 많은 관계를 쌓을 수 있습니다.

These are the reasons.
이것들이 이유입니다.

Q11. What are the advantages of working electronically?
전자적으로 일 하는 것의 장점은 무엇입니까?

There are some advantages of working electronically.
전자적으로 일 하는 것의 장점은 몇 가지가 있습니다.

First, it's useful.
첫째, 유용합니다.
For example, it will improve the efficiency and documents can be easily organized.
예를 들어, 효율성을 향상시키고 문서를 쉽게 정리할 수 있습니다.

Second, it's cost-effective.
이것은 비용 대비 효율이 좋습니다.
For instance, we can save costs on printing.
예를 들면, 인쇄하는데 드는 비용을 아낄 수 있습니다.

These are the reasons.
이것들이 이유입니다.

비즈니스-직업 불만족 요소

Q12. What are the disadvantages of working for a job that a person doesn't enjoy?
좋아하지 않는 일(직업)을 하는 것의 단점은 무엇입니까?

There are some disadvantages of working for a job that a person doesn't enjoy.
좋아하지 않는 일(직업)을 하는 것의 단점은 몇 가지가 있습니다.

First, it's stressful.
첫째, 스트레스를 받습니다.
For example, workers' performance will suffer and get easily stressed out.
예를 들어, 직원들의 성과가 나빠지고 스트레스를 쉽게 받을 것입니다.

Second, it's frustrating.
둘째, 불만족스럽습니다.
For instance, workers can't continue with their job and be unhappy with it.
예를 들면, 회사를 계속 못 다니고 일에 불만족할 것입니다.

These are the reasons.
이것들이 이유입니다.

교육-교육 효과

Q13. Do you think volunteer activities should be mandatory in school days?
학창시절에 봉사활동을 필수로 해야 한다고 생각하십니까?

Volunteer activities should be mandatory in school days for two reasons.
학창시절에 봉사활동을 필수로 해야 한다고 생각하는 이유는 두 가지입니다.

First, it's helpful.
첫째, 도움이 됩니다.
For example, students can improve social skills and become mature.
예를 들어, 학생들은 사회성을 기르고 더 성숙해질 것입니다.

Second, it's essential.
둘째, 필수적입니다.
For instance, they will learn altruism and become considerate.
예를 들면, 이타주의를 배우고 사려가 깊어질 것입니다.

These are the reasons.
이것들이 이유입니다.

Q14. Do you think teachers should give children playtime during school hours?
당신은 선생님들이 학교에서 아이들에게 놀이 시간을 주어야 한다고 생각하나요?

I think teachers should give children playtime during school hours.
저는 선생님들이 학교에서 아이들에게 놀이 시간을 주어야 한다고 생각합니다.

First, it's crucial.
첫째, 중대한 요소입니다.
For example, I can relieve stress and relax.
예를 들어, 스트레스를 덜고 긴장을 풀 수 있습니다.

Second, it's beneficial.
둘째, 유익합니다.
For instance, I will study in a good mood and do well on the exam.
예를 들면, 즐거운 마음으로 공부하고 시험을 잘 보도록 도와줄 것입니다.

These are the reasons.
이것들이 이유입니다.

Q15. Do you think middle school students should have music and art classes?
중학생들이 음악과 미술수업을 들어야 한다고 생각하십니까?

Middle school students should have music and art class for two reasons.
중학생들이 음악과 미술 수업을 들어야 하는 이유는 두 가지입니다.

First, it's **helpful**.
첫째, 도움이 됩니다.
For example, it will enhance their **creativity**.
예를 들어, 창의력을 길러 줄 겁니다.

Second, it's **beneficial**.
둘째, 유익합니다.
For instance, it helps them express ideas and **emotions**.
예를 들면, 그들의 생각과 감정을 표현하는데 도움을 줍니다.

These are the reasons.
이것들이 이유입니다.

Q16. Do you think high school students should be encouraged to go on a field trip?
고등학생들에게 현장학습을 권장해야 한다고 생각하십니까?

High school students should go on a field trip for two reasons.
고등학생들이 현장학습을 가야 하는 이유는 두 가지입니다.

First, it's **effective**.
첫째, 효과적입니다.
For example, it's a fun way to learn **school subjects**.
예를 들어, 학교 수업을 재미있게 배울 수 있는 방법입니다.

Second, it's **refreshing**.
둘째, 기분 전환이 됩니다.
For instance, students can take a break and **relieve stress**.
예를 들면, 학생들은 잠시 쉬고, 스트레스를 풀 수 있습니다.

These are the reasons.
이것들이 이유입니다.

Q17. Do you think computer classes should be a mandatory subject?
컴퓨터 수업이 필수 과목이어야 한다고 생각하십니까?

Computer classes should be a mandatory subject for two reasons.
컴퓨터 수업이 필수 과목이어야 하는 이유는 두 가지입니다.

First, it's practical.
첫째, 실용적입니다.
For example, students' study on a computer. So, they need proper computer skills.
예를 들어, 학생들은 컴퓨터로 공부하기 때문에 적절한 컴퓨터 기술이 필요합니다.

Second, it's beneficial.
둘째, 유익합니다.
For instance, they will enhance their learning techniques.
예를 들면, 학습 기술을 향상시킬 것입니다.

These are the reasons.
이것들이 이유입니다.

Q18. Do you think a science class is important for high school students?
고등학생들에게 과학 수업이 중요하다고 생각하십니까?

A science class is important for high school students for two reasons.
과학 수업이 고등학생들에게 중요한 이유는 두 가지입니다.

First, it's crucial.
첫째, 중대한 요소입니다.
For example, it has shaped the modern world and almost everything is based on science.
예를 들어, 과학은 현대 사회를 만들었고 모든 것은 과학에 바탕을 두고 있습니다.

Second, it's practical.
둘째, 실용적입니다.
For instance, students should spend more time studying science to get into a better college.
예를 들면, 학생들은 더 좋은 대학에 들어가기 위해 과학을 공부하는데 더 많은 시간을 투자해야 합니다.

These are the reasons.
이것들이 이유입니다.

Q19. Do you think it is essential to learn a foreign language?
외국어 공부가 필수라고 생각하십니까?

I think it is essential to learn a foreign language for two reasons.
두 가지 이유로 외국어 공부가 필수라고 생각합니다.

First, it's crucial.
첫째, 중대한 요소입니다

For example, colleges consider foreign language skills important when admitting students.
예를 들어, 대학들은 학생들을 입학시킬 때 외국어 능력을 중요하게 생각합니다.

Second, it's critical.
둘째, 매우 중요합니다.

For instance, it's a basic qualification when getting a job.
예를 들어, 그것은 취업할 때 기본적인 자격입니다.

These are the reasons.
이것들이 이유입니다.

Q20. Do you think it is important for students to have a role model?
학생들이 롤모델을 가지는 것이 중요하다고 생각하나요?

It is important for students to have a role model for two reasons.
학생들이 롤모델을 가지는 것이 중요하다고 생각합니다.

First, it's motivating.
첫째, 동기부여가 됩니다.

For example, those students can learn a lot from their success.
예를 들어, 학생들은 그들의 성공을 통해 많은 것을 배울 수 있습니다.

Second, it's inspiring.
둘째, 영감을 줍니다.

For instance, they would try harder to succeed as their role models.
예를 들면, 그들은 그들의 롤모델처럼 성공하기 위해서 더 노력할 것 입니다.

These are the reasons.
이것들이 이유입니다.

교육-교육 환경

Q21. What are the advantages of using electronic devices for classes?
수업에 전자 기기를 사용하는 것의 장점은 무엇입니까?

There are some advantages of using electronic devices for classes.
수업에 전자 기기를 사용하는 것의 몇 가지 장점이 있습니다.

First, it's helpful.
첫째, 도움이 됩니다.
For example, it makes students stay engaged.
예를 들어, 학생들이 몰입하도록 만듭니다.

Second, it's effective.
둘째, 효과적입니다.
For instance, it's easy to share comments and feedback.
예를 들면, 의견, 피드백을 공유하기 쉽습니다.

These are the advantages.
이것들이 장점입니다.

Q22. Do you think it is better to let high school students choose their own subjects?
고등학생들에게 과목 선택권을 주어야 한다고 생각하십니까?

It is better to let high school students choose their own subjects for two reasons.
고등학생들에게 과목 선택권을 주는 것이 좋은 이유는 두 가지입니다.

First, it's practical.
첫째, 실용적입니다.
For example, students can study what they like.
예를 들어, 학생들은 좋아하는 걸 공부할 수 있습니다.

Second, it's beneficial.
둘째, 유익합니다.
For instance, they will be better prepared for college.
예를 들면, 대학 공부에 더 잘 대비할 수 있습니다.

These are the reasons.
이것들이 이유입니다.

Q23. Do you think it is beneficial for job seekers to study abroad?
취업준비생이 해외 유학을 다녀오는 것이 유익하다고 생각하십니까?

It is beneficial for job seekers to study abroad for two reasons.
취업 준비생이 해외 유학을 다녀오는 것이 유익한 이유는 두 가지입니다.

First, it's **helpful**.
첫째, 도움이 됩니다.
For example, they will improve **foreign language** skills.
예를 들어, 그들은 외국어 실력을 기를 것입니다.

Second, it's **valuable**.
둘째, 가치가 있습니다.
For instance, this experience will bring them more **job opportunities**.
예를 들면, 이 경험은 그들에게 더 많은 취업기회를 가져다 줄 것입니다.

These are the reasons.
이것들이 이유입니다.

Q24. Do you think a strict teacher is good for students?
학생들에게 엄격한 선생님이 좋다고 생각하십니까?

I think a strict teacher is good for students for two reasons.
저는 두 가지 이유로, 학생들에게 엄격한 선생님이 좋다고 생각합니다.

First, it's **effective**.
첫째, 효과적입니다.
For example, it will create a **serious** learning environment.
예를 들어, 이는 진지한 학업 분위기를 조성 할 것입니다.

Second, it's **educational**.
둘째, 교육적입니다.
For instance, students will learn to keep the **rules**.
예를 들면, 학생들은 규칙들을 지키는 법을 배울 것입니다.

These are the reasons.
이것들이 이유입니다.

Q25. Do you think it is good to have a vending machine in school for students?
학생들을 위해 교내 자판기를 설치해야 한다고 생각하십니까?

It is good to have a vending machine in school for students for two reasons.
학생들을 위해 교내에 자판기를 설치하면 좋은 이유는 두 가지입니다.

First, it's essential.
첫째, 필수 요소입니다.
For example, students need enough nutrients and energy to keep growing.
예를 들어, 학생들은 계속해서 성장하기 위해 충분한 영양소와 에너지가 필요합니다.

Second, it's convenient.
둘째, 편리합니다.
For instance, they can buy food anytime they want.
예를 들어, 그들은 원하는 시간에 언제든지 음식을 살 수 있습니다.

These are the reasons.
이것들이 이유입니다.

생활-소통

Q26. Do you think it is good to have a meeting online?
온라인으로 회의를 하면 좋다고 생각하십니까?

I think it is good to have an online meeting for two reasons.
저는 두 가지 이유로 온라인 회의를 하는 것이 좋다고 생각합니다.

First, it's efficient.
첫째, 효율적입니다.
For example, we can multitask because it doesn't require entire focus.
예를 들어, 온전히 집중할 필요가 없기 때문에 다중작업을 할 수 있습니다.

Second, it's convenient.
둘째, 편리합니다.
For instance, it's accessible anytime, anywhere.
예를 들면, 온라인 회의는 언제 어디서든 할 수 있습니다.

These are the reasons.
이것들이 이유입니다.

Q27. What are the advantages of having a face-to-face meeting?
대면회의의 장점은 무엇입니까?

There are some advantages of having a face-to-face meeting.
대면회의의 장점은 몇 가지가 있습니다.

First, it's **fast**.
첫째, 빠릅니다.
For example, we make decisions quickly and share responses **immediately**.
예를 들어, 응답을 즉각적으로 공유하기 때문에 결정을 빨리 내릴 수 있습니다.

Second, it's **clear**.
둘째, 명확합니다.
For instance, we can reduce **miscommunication** because body language tells more than words.
예를 들면, 바디 랭귀지는 말보다 많은 것을 전달하기 때문에 오해를 줄입니다.

These are the reasons.
이것들이 이유입니다.

생활-정보

Q28. Do you think learning about a new hobby on the Internet is effective?
당신은 인터넷에서 새로운 취미에 대해 배우는 것이 효과적이라고 생각하나요?

I think learning about a new hobby on the Internet is effective for two reasons.
저는 두 가지 이유로 인터넷에서 새로운 취미에 대해 배우는 것이 효과적이라고 생각합니다.

First, it's **cost-effective**.
첫째, 가성비가 좋습니다.
For example, there are many free **tutorials** on YouTube.
예를 들어, 유튜브에는 많은 무료 튜토리얼이 있습니다.

Second, it's **convenient**.
둘째, 편리합니다.
For instance, online classes are accessible **anytime**.
예를 들어, 온라인 수업은 언제든지 들을 수 있습니다.

These are the reasons.
이것들이 이유입니다.

Q29. What are the advantages of getting news from newspaper compared to getting news from the Web sites?
웹사이트에서 뉴스를 얻는 것에 비해 신문에서 뉴스를 얻는 것의 장점은 무엇입니까?

There are some advantages of getting news from newspaper compared to getting news from the Web sites.
웹사이트에서 뉴스를 얻는 것에 비해 신문에서 뉴스를 얻는 것의 장점은 몇 가지가 있습니다.

First, it's accurate.
첫째, 정확합니다.
For example, articles in newspaper are more in-depth and detailed.
예를 들어, 신문의 기사는 더 깊이 있고, 상세합니다.

Second, it's trustworthy.
둘째, 신뢰할 수 있습니다.
For instance, it's written by journalists and officially published.
예를 들어, 신문은 기자들이 쓰고 공식적으로 출판됩니다.

These are the advantages.
이것들이 장점입니다.

==생활-거주지==

Q30. Do you think it is good to live in one place for a long time?
한 지역에 오래 거주하는 것이 좋다고 생각하십니까?

I think it is good to live in one place for a long time for two reasons.
한 지역에 오래 거주하는 것이 좋은 이유는 두 가지입니다.

First, it's beneficial.
첫째, 이롭습니다.
For example, I can make lifelong friends.
예를 들어, 평생 친구를 만들 수 있습니다.

Second, it's convenient.
둘째, 편리합니다.
For instance, I know my town well and it makes my life easier.
예를 들면, 동네를 잘 알기 때문에 삶이 편해질 것입니다.

These are the reasons.
이것들이 이유입니다.

Q31. Do you think it is better to live in many different places than to live in one place?
당신은 한 곳에서 사는 것보다 여러 곳에서 사는 것이 더 낫다고 생각하나요?

I think it is better to live in many different places than to live in one place for two reasons.
저는 두 가지 이유로 한 곳에서 사는 것보다 여러 곳에서 사는 것이 더 낫다고 생각합니다.

First, it's exciting.
첫째, 신납니다.
For example, I can meet new people and experience various cultures.
예를 들어, 저는 새로운 사람들을 만나고 다양한 문화를 경험할 수 있습니다.

Second, it's wise.
둘째, 현명합니다.
For instance, I can live in a better environment for education or living.
예를 들어, 저는 교육이나 생활을 위해 더 나은 환경에서 살 수 있습니다.

These are the reasons.
이것들이 이유입니다.

Q32. What are the advantages of living in a big city?
큰 도시에 거주하는 것의 장점은 무엇입니까?

There are some advantages of living in a big city.
큰 도시에 거주하는 것의 장점은 몇 가지가 있습니다.

First, it's beneficial.
첫째, 이롭습니다.
For example, there are more job opportunities in cities.
예를 들어, 도시에 취업 기회가 더 많습니다.

Second, it's appealing.
둘째, 더 매력적입니다.
For instance, there are more entertainments and better public transportation systems.
예를 들어, 더 많은 오락과 더 나은 대중 교통 시스템이 있습니다.

These are the advantages.
이것들이 장점입니다.

Q33. What are the advantages of living in a small town?
작은 마을에 거주하는 것의 장점은 무엇입니까?

There are some advantages of living in a small town.
작은 마을에 거주하는 것의 장점은 몇 가지가 있습니다.

First, it's cost-effective.
첫째, 비용 효율적입니다.
For example, I can save living expenses.
예를 들어, 생활비를 절약할 수 있습니다.

Second, it's peaceful.
둘째, 평화롭습니다.
For instance, small towns are usually quieter and less crowded.
예를 들어, 작은 마을들은 보통 더 조용하고 덜 붐빕니다.

These are the advantages.
이것들이 장점입니다.

생활-사회

Q34. What are the advantages of working from home?
재택근무의 장점은 무엇입니까?

There are some advantages of working from home.
재택근무의 장점은 몇 가지가 있습니다.

First, it's time-saving.
첫째, 시간이 절약됩니다.
For example, we don't need to commute to work.
예를 들어, 우리는 회사로 출근할 필요가 없습니다.

Second, it's efficient.
둘째, 효율적입니다.
For instance, I can work and rest under my schedule.
예를 들어, 저는 제 스케줄에 따라 일하고 쉴 수 있습니다.

These are the advantages.
이것들이 장점입니다.

Q35. Do you think the government should develop more green spaces?
정부가 더 많은 녹지 공간 개발을 해야 한다고 생각하십니까?

I think the government should develop more green spaces for two reasons.
저는 두 가지 이유로 정부가 더 많은 녹지 공간을 개발해야 한다고 생각합니다.

First, it's beneficial.
첫째, 이롭습니다.
For example, it's helpful for people's mental and physical health.
예를 들어, 사람들의 심신 건강에 도움이 됩니다.

Second, it's valuable.
둘째, 가치가 있습니다.
For instance, green spaces improve local environment and increase the town's value.
예를 들어, 녹지 공간은 지역 환경을 개선하고 마을의 가치를 높입니다.

These are the reasons.
이것들이 이유입니다.

Q36. Do you think the government should fund cultural institutions?
당신은 정부가 문화 기관에 자금을 지원해야 한다고 생각합니까?

I think the government should fund cultural institutions for two reasons.
저는 두 가지 이유로, 정부가 문화 기관에 자금을 지원해야 한다고 생각합니다.

First, it's beneficial.
첫째, 유익합니다.
For example, they can hold better-quality events for visitors.
예를 들어, 그들은 방문객들을 위해 더 나은 퀄리티의 행사를 열 수 있습니다.

Second, it's helpful.
둘째, 도움이 됩니다.
For instance, museums and art galleries boost up tourism business.
예를 들어, 박물관과 미술관은 관광 사업을 활성화시킵니다.

These are the reasons.
이것들이 이유입니다.

Q37. What are the disadvantages of excessive workouts?
과도한 운동의 단점은 무엇입니까?

There are some disadvantages of excessive workouts.
과도한 운동의 단점은 몇 가지가 있습니다.

First, it's not **efficient**.
첫째, 비효율적입니다.
For example, it is tiring and **demanding**.
예를 들어, 피곤하고 힘듭니다.

Second, it's a **loss**.
둘째, 손해입니다.
For instance, it makes us physically **exhausted**.
예를 들면, 우리를 육체적으로 지치게 만듭니다.

These are the disadvantages.
이것들이 단점입니다.

Q38. What are the advantages of having a self-guided trip?
혼자 하는 여행의 장점은 무엇입니까?

There are some advantages of having a self-guided trip.
혼자 하는 여행의 장점은 몇 가지가 있습니다.

First, it's **flexible**.
첫째, 자유롭습니다.
For example, I can change or cancel the **schedule** whenever I want.
예를 들어, 원할 때 언제든 일정을 변경하거나 취소할 수 있습니다.

Second, it's **comfortable**.
둘째, 편합니다.
For instance, I don't need to travel with other **travelers** or tour guides.
예를 들어, 나는 다른 여행자나 여행 가이드와 함께 여행할 필요가 없습니다.

These are the advantages.
이것들이 장점입니다.

Q39. What are the advantages of having a guided-tour?
가이드 투어의 장점은 무엇입니까?

There are some advantages of having a guided-tour.
가이드 투어의 장점은 몇 가지가 있습니다.

First, it's **convenient**.
첫째, 편리합니다.
For example, tour guides usually give **a ride**.
예를 들어, 투어 가이드들은 보통 이동 수단을 제공해 줍니다.

Second, it's **easy**.
둘째, 편합니다.
For instance, they know where to go and **what to see**.
예를 들면, 가이드들은 어디를 가고 무엇을 구경해야 할 지 알고 있습니다.

These are the advantages.
이것들이 장점입니다.

Practice

비즈니스-임직원의 덕목

Q1. Why do employees with a lot of work experience work well?
업무 경험이 많은 임직원이 일을 잘하는 이유는 무엇입니까?

An employee with a lot of experience can work well for two reasons.
업무 경험이 많은 임직원이 일을 잘 하는 이유는 두 가지입니다.

First, the employee is _____.
첫째, 그 직원은 능숙합니다.
For example, the employee can make _____ and _____ faster.
예를 들어, 그 직원은 실수를 덜 하고, 목표를 빠르게 달성할 수 있습니다.

Second, the employee is _____.
둘째, 그 직원은 빠릅니다.
For instance, the employee can _____ quickly.
예를 들면, 그 직원은 문제를 빠르게 해결할 수 있습니다.

These are the reasons.
이것들이 이유입니다.

Q2. Is being sociable an important qualification of an employee?
사교성이 직원의 중요한 자격요건인가요?

Being sociable is an important qualification of an employee for two reasons.
두 가지 이유로, 사교성은 직원의 중요한 자격요건입니다.

First, it's _____.
첫째, 중대한 요소입니다.
For example, they can create a _____ and work under _____.
예를 들어, 긍정적인 분위기를 형성하고 압박이 덜 한 상황에서 일할 수 있습니다.

Second, it's _____.
둘째, 도움이 됩니다.
For instance, they can strengthen their _____,
and _____ more effectively.
예를 들면, 팀워크를 강화하고 더 효과적으로 협업할 수 있습니다.

These are the reasons.
이것들이 이유입니다.

Q3. Should a manager have good management skills to be effective?
관리자는 효과적이기 위해 좋은 경영 기술을 가져야 합니까?

A manager should have good management skills to be effective for two reasons.
두 가지 이유로, 관리자는 효과적이기 위해 좋은 경영 기술을 가져야 합니다.

First, it's _____.
첫째, 효율적입니다.
For example, he knows what is _____ and urgent.
예를 들어, 어떤 업무가 더 중요하고 급한지 잘 압니다.

Second, it's _____.
둘째, 최적입니다.
For instance, he can plan ahead and _____ in an effective manner.
예를 들면, 미리 계획하고 효과적으로 다양한 업무를 진행할 수 있습니다.

These are the reasons.
이것들이 이유입니다.

Q4. Do you think employees should have a challenging spirit to be successful?
성공하기 위해서는 직원들이 도전 정신을 가져야 한다고 생각하십니까?

I think employees should have a challenging spirit to be successful for two reasons.
두 가지 이유로, 성공하기 위해서는 직원들이 도전 정신을 가져야 한다고 생각합니다.

First, it's _____.
첫째, 유용합니다.
For example, he can deal with _____ and make better _____.
예를 들어, 어려운 일을 해내고 더 나은 결과를 만들 수 있습니다.

Second, it's _____.
둘째, 영감을 줍니다.
For instance, he can be a good _____ and make others _____ involved.
예를 들면, 좋은 동기부여가 되고 다른 직원들이 적극적으로 참여하도록 만듭니다.

These are the reasons.
이것들이 이유입니다.

Q5. Should managers have good communication skills to be successful?
관리자들은 성공하기 위해 좋은 의사소통 기술을 가져야 합니까?

Managers should have good communication skills to be successful for two reasons.
두 가지 이유로, 관리자들은 성공하기 위해 좋은 의사소통 기술을 가져야 합니다.

First, it's _____.
첫째, 실용적입니다.
For example, he can express his points _____ and reduce _____.
예를 들어, 본인의 의사표현을 명확히 하고 오해를 줄일 수 있습니다.

Second, it's _____.
둘째 전문적입니다.
For instance, he can give a _____ and keep a good _____.
예를 들면, 좋은 인상을 주고 좋은 평판을 유지할 수 있습니다.

These are the reasons.
이것들이 이유입니다.

비즈니스-직업 만족도 요소

Q6. Do you think it is good to give extra rewards to employees?
직원들에게 추가 보상을 주면 좋다고 생각하십니까?

Giving extra rewards to employees is good for two reasons.
두 가지 이유로, 직원들에게 추가 보상을 주면 좋다고 생각합니다.

First, it's _____.
첫째, 도움이 됩니다.
For example, this will increase _____ and help workers work in an _____.
예를 들어, 직업 만족도를 높이고 긍정적인 마음으로 일할 수 있도록 도와줍니다.

Second, it's _____.
둘째, 동기부여가 됩니다.
For instance, an employee can feel rewarded and have _____.
예를 들면, 직원은 보람을 느끼고 성취감을 가질 수 있습니다.

These are the reasons.
이것들이 이유입니다.

Q7. Do you think it is good to have diverse job experience?
다양한 직업 경험을 쌓는 것이 좋다고 생각하십니까?

Having diverse job experience is good for two reasons.
다양한 직업 경험을 쌓는 것이 좋은 이유는 두 가지입니다.

First, it's _____.
첫째, 실용적입니다.
For example, we can broaden our _____ and build a _____.
예를 들어, 식견을 넓히고 탄탄한 커리어를 쌓을 수 있습니다.

Second, it's _____.
둘째, 효과적입니다.
For instance, he can develop _____ and adaptability.
예를 들면, 융통성과 적응력을 기를 수 있습니다.

These are the reasons.
이것들이 이유입니다.

Q8. Do you think it is critical to do a job that you like?
좋아하는 일을 하는 것이 중요하다고 생각하십니까?

Doing a job that you like is critical for two reasons.
좋아하는 일을 하는 것이 중요하다고 생각하는 이유는 두 가지입니다.

First, it's _____.
첫째, 중요합니다.
For example, it's a huge portion in life and we will live with a more _____.
예를 들어, 이것은 삶의 큰 부분을 차지하고 우리는 좀 더 긍정적인 마음으로 살 것입니다.

Second, it's _____.
둘째, 전문적입니다.
For instance, we can _____ and get more _____ and respect.
예를 들면, 더 좋은 성과를 내고 더 많은 인정과 존경을 받을 것입니다.

These are the reasons.
이것들이 이유입니다.

Q9. What are the advantages of getting a high-paying job?
고임금 직장을 얻는 것의 이점은 무엇입니까?

There are some advantages of getting a high-paying job.
고임금 직장을 얻는 것에는 몇 가지 이점이 있습니다.

First, it's _____.
첫째, 만족스럽습니다.
For example, I can _____ more things, and this will make me more _____ with my job.
예를 들어, 더 많은 것들을 즐길 수 있고 제 일에 더 만족하게 만들어줍니다.

Second, it's _____.
둘째, 동기부여가 됩니다.
For instance, the company _____ my abilities and performances.
예를 들면, 회사가 저의 능력과 성과를 가치 있게 여깁니다.

These are the reasons.
이것들이 이유입니다.

Q10. What are the advantages of working for a start-up company?
신생 기업에서 일하는 것의 장점은 무엇입니까?

There are some advantages of working for a start-up company.
신생 기업에서 일하는 것의 장점은 몇 가지가 있습니다.

First, it's _____.
첫째, 유익합니다.
For example, I can cover more _____.
예를 들어, 더 많은 역할과 책임을 맡을 수 있습니다.

Second, it's _____.
둘째, 도움이 됩니다.
For instance, there is more _____. I can build up more relationships with people.
예를 들어, 더 많은 교류가 있습니다. 저는 사람들과 더 많은 관계를 쌓을 수 있습니다.

These are the reasons.
이것들이 이유입니다.

Q11. What are the advantages of working electronically?
전자적으로 일 하는 것의 장점은 무엇입니까?

There are some advantages of working electronically.
전자적으로 일 하는 것의 장점은 몇 가지가 있습니다.

First, it's _____.
첫째, 유용합니다.
For example, it will improve the _____ and documents can be easily _____.
예를 들어, 효율성을 향상시키고 문서를 쉽게 정리할 수 있습니다.

Second, it's _____.
이것은 비용 대비 효율이 좋습니다.
For instance, we can save costs on _____.
예를 들면, 인쇄하는데 드는 비용을 아낄 수 있습니다.

These are the reasons.
이것들이 이유입니다.

비즈니스-직업 불만족 요소

Q12. What are the disadvantages of working for a job that a person doesn't enjoy?
좋아하지 않는 일(직업)을 하는 것의 단점은 무엇입니까?

There are some disadvantages of working for a job that a person doesn't enjoy.
좋아하지 않는 일(직업)을 하는 것의 단점은 몇 가지가 있습니다.

First, it's _____.
첫째, 스트레스를 받습니다.
For example, workers' performance will _____ and get easily _____.
예를 들어, 직원들의 성과가 나빠지고 스트레스를 쉽게 받을 것입니다.

Second, it's _____.
둘째, 불만족스럽습니다.
For instance, workers can't continue with their job and be _____ with it.
예를 들면, 회사를 계속 못 다니고 일에 불만족할 것입니다.

These are the reasons.
이것들이 이유입니다.

교육-교육 효과

Q13. Do you think volunteer activities should be mandatory in school days?
학창시절에 봉사활동을 필수로 해야 한다고 생각하십니까?

Volunteer activities should be mandatory in school days for two reasons.
학창시절에 봉사활동을 필수로 해야 한다고 생각하는 이유는 두 가지입니다.

First, it's _____.
첫째, 도움이 됩니다.
For example, students can improve _____ and become mature.
예를 들어, 학생들은 사회성을 기르고 더 성숙해질 것입니다.

Second, it's _____.
둘째, 필수적입니다.
For instance, they will learn _____ and become considerate.
예를 들면, 이타주의를 배우고 사려가 깊어질 것입니다.

These are the reasons.
이것들이 이유입니다.

Q14. Do you think teachers should give children playtime during school hours?
당신은 선생님들이 학교에서 아이들에게 놀이 시간을 주어야 한다고 생각하나요?

I think teachers should give children playtime during school hours.
저는 선생님들이 학교에서 아이들에게 놀이 시간을 주어야 한다고 생각합니다.

First, it's _____.
첫째, 중대한 요소입니다.
For example, I can _____ and relax.
예를 들어, 스트레스를 덜고 긴장을 풀 수 있습니다.

Second, it's _____.
둘째, 유익합니다.
For instance, I will study in a _____ and do well on the _____.
예를 들면, 즐거운 마음으로 공부하고 시험을 잘 보도록 도와줄 것입니다.

These are the reasons.
이것들이 이유입니다.

Q15. Do you think middle school students should have music and art classes?
중학생들이 음악과 미술수업을 들어야 한다고 생각하십니까?

Middle school students should have music and art class for two reasons.
중학생들이 음악과 미술 수업을 들어야 하는 이유는 두 가지입니다.

First, it's _____.
첫째, 도움이 됩니다.
For example, it will enhance their _____.
예를 들어, 창의력을 길러 줄 겁니다.

Second, it's _____.
둘째, 유익합니다.
For instance, it helps them express ideas and _____.
예를 들면, 그들의 생각과 감정을 표현하는데 도움을 줍니다.

These are the reasons.
이것들이 이유입니다.

Q16. Do you think high school students should be encouraged to go on a field trip?
고등학생들에게 현장학습을 권장해야 한다고 생각하십니까?

High school students should go on a field trip for two reasons.
고등학생들이 현장학습을 가야 하는 이유는 두 가지입니다.

First, it's _____.
첫째, 효과적입니다.
For example, it's a fun way to learn _____.
예를 들어, 학교 수업을 재미있게 배울 수 있는 방법입니다.

Second, it's _____.
둘째, 기분 전환이 됩니다.
For instance, students can take a break and _____.
예를 들면, 학생들은 잠시 쉬고, 스트레스를 풀 수 있습니다.

These are the reasons.
이것들이 이유입니다.

Q17. Do you think computer classes should be a mandatory subject?
컴퓨터 수업이 필수 과목이어야 한다고 생각하십니까?

Computer classes should be a mandatory subject for two reasons.
컴퓨터 수업이 필수 과목이어야 하는 이유는 두 가지입니다.

First, it's _____.
첫째, 실용적입니다.
For example, students' study on a computer. So, they need proper _____.
예를 들어, 학생들은 컴퓨터로 공부하기 때문에 적절한 컴퓨터 기술이 필요합니다.

Second, it's _____.
둘째, 유익합니다.
For instance, they will enhance their _____.
예를 들면, 학습 기술을 향상시킬 것입니다.

These are the reasons.
이것들이 이유입니다.

Q18. Do you think a science class is important for high school students?
고등학생들에게 과학 수업이 중요하다고 생각하십니까?

A science class is important for high school students for two reasons.
과학 수업이 고등학생들에게 중요한 이유는 두 가지입니다.

First, it's _____.
첫째, 중대한 요소입니다.
For example, it has shaped the _____ and almost everything is based on _____.
예를 들어, 과학은 현대 사회를 만들었고 모든 것은 과학에 바탕을 두고 있습니다.

Second, it's _____.
둘째, 실용적입니다.
For instance, students should spend more time studying science to get into a _____.
예를 들면, 학생들은 더 좋은 대학에 들어가기 위해 과학을 공부하는데 더 많은 시간을 투자해야 합니다.

These are the reasons.
이것들이 이유입니다.

Q19. Do you think it is essential to learn a foreign language?
외국어 공부가 필수라고 생각하십니까?

I think it is essential to learn a foreign language for two reasons.
두 가지 이유로 외국어 공부가 필수라고 생각합니다.

First, it's _____.
첫째, 중대한 요소입니다
For example, colleges consider _____ important when admitting students.
예를 들어, 대학들은 학생들을 입학시킬 때 외국어 능력을 중요하게 생각합니다.

Second, it's _____.
둘째, 매우 중요합니다.
For instance, it's a basic _____ when getting a job.
예를 들어, 그것은 취업할 때 기본적인 자격입니다.

These are the reasons.
이것들이 이유입니다.

Q20. Do you think it is important for students to have a role model?
학생들이 롤모델을 가지는 것이 중요하다고 생각하나요?

It is important for students to have a role model for two reasons.
학생들이 롤모델을 가지는 것이 중요하다고 생각합니다.

First, it's _____.
첫째, 동기부여가 됩니다.
For example, those students can learn a lot from their _____.
예를 들어, 학생들은 그들의 성공을 통해 많은 것을 배울 수 있습니다.

Second, it's _____.
둘째, 영감을 줍니다.
For instance, they would try harder to _____ as their role models.
예를 들면, 그들은 그들의 롤모델처럼 성공하기 위해서 더 노력할 것 입니다.

These are the reasons.
이것들이 이유입니다.

교육-교육 환경

Q21. What are the advantages of using electronic devices for classes?
수업에 전자 기기를 사용하는 것의 장점은 무엇입니까?

There are some advantages of using electronic devices for classes.
수업에 전자 기기를 사용하는 것의 몇 가지 장점이 있습니다.

First, it's _____.
첫째, 도움이 됩니다.
For example, it makes students stay _____.
예를 들어, 학생들이 몰입하도록 만듭니다.

Second, it's _____.
둘째, 효과적입니다.
For instance, it's easy to share comments and _____.
예를 들면, 의견, 피드백을 공유하기 쉽습니다.

These are the advantages.
이것들이 장점입니다.

Q22. Do you think it is better to let high school students choose their own subjects?
고등학생들에게 과목 선택권을 주어야 한다고 생각하십니까?

It is better to let high school students choose their own subjects for two reasons.
고등학생들에게 과목 선택권을 주는 것이 좋은 이유는 두 가지입니다.

First, it's _____.
첫째, 실용적입니다.
For example, students can study what _____.
예를 들어, 학생들은 좋아하는 걸 공부할 수 있습니다.

Second, it's _____.
둘째, 유익합니다.
For instance, they will be better prepared for _____.
예를 들면, 대학 공부에 더 잘 대비할 수 있습니다.

These are the reasons.
이것들이 이유입니다.

의견 말하기 Question 11

Q23. Do you think it is beneficial for job seekers to study abroad?
취업준비생이 해외 유학을 다녀오는 것이 유익하다고 생각하십니까?

It is beneficial for job seekers to study abroad for two reasons.
취업 준비생이 해외 유학을 다녀오는 것이 유익한 이유는 두 가지입니다.

First, it's _____.
첫째, 도움이 됩니다.
For example, they will improve _____ skills.
예를 들어, 그들은 외국어 실력을 기를 것입니다.

Second, it's _____.
둘째, 가치가 있습니다.
For instance, this experience will bring them more _____.
예를 들면, 이 경험은 그들에게 더 많은 취업기회를 가져다 줄 것입니다.

These are the reasons.
이것들이 이유입니다.

Q24. Do you think a strict teacher is good for students?
학생들에게 엄격한 선생님이 좋다고 생각하십니까?

I think a strict teacher is good for students for two reasons.
저는 두 가지 이유로, 학생들에게 엄격한 선생님이 좋다고 생각합니다.

First, it's _____.
첫째, 효과적입니다.
For example, it will create a _____ learning environment.
예를 들어, 이는 진지한 학업 분위기를 조성 할 것입니다.

Second, it's _____.
둘째, 교육적입니다.
For instance, students will learn to keep the _____.
예를 들면, 학생들은 규칙들을 지키는 법을 배울 것입니다.

These are the reasons.
이것들이 이유입니다.

Q25. Do you think it is good to have a vending machine in school for students?
학생들을 위해 교내 자판기를 설치해야 한다고 생각하십니까?

It is good to have a vending machine in school for students for two reasons.
학생들을 위해 교내에 자판기를 설치하면 좋은 이유는 두 가지입니다.

First, it's _____.
첫째, 필수 요소입니다.
For example, students need enough nutrients and _____ to keep growing.
예를 들어, 학생들은 계속해서 성장하기 위해 충분한 영양소와 에너지가 필요합니다.

Second, it's _____.
둘째, 편리합니다.
For instance, they can buy food anytime _____.
예를 들어, 그들은 원하는 시간에 언제든지 음식을 살 수 있습니다.

These are the reasons.
이것들이 이유입니다.

생활-소통

Q26. Do you think it is good to have a meeting online?
온라인으로 회의를 하면 좋다고 생각하십니까?

I think it is good to have an online meeting for two reasons.
저는 두 가지 이유로 온라인 회의를 하는 것이 좋다고 생각합니다.

First, it's _____.
첫째, 효율적입니다.
For example, we can _____ because it doesn't require entire focus.
예를 들어, 온전히 집중할 필요가 없기 때문에 다중작업을 할 수 있습니다.

Second, it's _____.
둘째, 편리합니다.
For instance, it's accessible _____.
예를 들면, 온라인 회의는 언제 어디서든 할 수 있습니다.

These are the reasons.
이것들이 이유입니다.

Q27. What are the advantages of having a face-to-face meeting?
대면회의의 장점은 무엇입니까?

There are some advantages of having a face-to-face meeting.
대면회의의 장점은 몇 가지가 있습니다.

First, it's _____.
첫째, 빠릅니다.
For example, we make decisions quickly and share responses _____.
예를 들어, 응답을 즉각적으로 공유하기 때문에 결정을 빨리 내릴 수 있습니다.

Second, it's _____.
둘째, 명확합니다.
For instance, we can reduce _____ because body language tells more than words.
예를 들면, 바디 랭귀지는 말보다 많은 것을 전달하기 때문에 오해를 줄입니다.

These are the reasons.
이것들이 이유입니다.

생활-정보

Q28. Do you think learning about a new hobby on the Internet is effective?
당신은 인터넷에서 새로운 취미에 대해 배우는 것이 효과적이라고 생각하나요?

I think learning about a new hobby on the Internet is effective for two reasons.
저는 두 가지 이유로 인터넷에서 새로운 취미에 대해 배우는 것이 효과적이라고 생각합니다.

First, it's _____.
첫째, 가성비가 좋습니다.
For example, there are many free _____ on YouTube.
예를 들어, 유튜브에는 많은 무료 튜토리얼이 있습니다.

Second, it's _____.
둘째, 편리합니다.
For instance, online classes are accessible _____.
예를 들어, 온라인 수업은 언제든지 들을 수 있습니다.

These are the reasons.
이것들이 이유입니다.

Q29. What are the advantages of getting news from newspaper compared to getting news from the Web sites?
웹사이트에서 뉴스를 얻는 것에 비해 신문에서 뉴스를 얻는 것의 장점은 무엇입니까?

There are some advantages of getting news from newspaper compared to getting news from the Web sites.
웹사이트에서 뉴스를 얻는 것에 비해 신문에서 뉴스를 얻는 것의 장점은 몇 가지가 있습니다.

First, it's _____.
첫째, 정확합니다.
For example, articles in newspaper are more in-depth and _____.
예를 들어, 신문의 기사는 더 깊이 있고, 상세합니다

Second, it's _____.
둘째, 신뢰할 수 있습니다.
For instance, it's written by _____ and officially published.
예를 들어, 신문은 기자들이 쓰고 공식적으로 출판됩니다.

These are the advantages.
이것들이 장점입니다.

생활-거주지

Q30. Do you think it is good to live in one place for a long time?
한 지역에 오래 거주하는 것이 좋다고 생각하십니까?

I think it is good to live in one place for a long time for two reasons.
한 지역에 오래 거주하는 것이 좋은 이유는 두 가지입니다.

First, it's _____.
첫째, 이롭습니다.
For example, I can make _____.
예를 들어, 평생 친구를 만들 수 있습니다.

Second, it's _____.
둘째, 편리합니다.
For instance, I know my town well and it makes my life _____.
예를 들면, 동네를 잘 알기 때문에 삶이 편해질 것입니다.

These are the reasons.
이것들이 이유입니다.

Q31. Do you think it is better to live in many different places than to live in one place?
당신은 한 곳에서 사는 것보다 여러 곳에서 사는 것이 더 낫다고 생각하나요?

I think it is better to live in many different places than to live in one place for two reasons.
저는 두 가지 이유로 한 곳에서 사는 것보다 여러 곳에서 사는 것이 더 낫다고 생각합니다.

First, it's _____.
첫째, 신납니다.
For example, I can meet _____ and experience various cultures.
예를 들어, 저는 새로운 사람들을 만나고 다양한 문화를 경험할 수 있습니다.

Second, it's _____.
둘째, 현명합니다.
For instance, I can live in a _____ for education or living.
예를 들어, 저는 교육이나 생활을 위해 더 나은 환경에서 살 수 있습니다.

These are the reasons.
이것들이 이유입니다.

Q32. What are the advantages of living in a big city?
큰 도시에 거주하는 것의 장점은 무엇입니까?

There are some advantages of living in a big city.
큰 도시에 거주하는 것의 장점은 몇 가지가 있습니다.

First, it's _____.
첫째, 이롭습니다.
For example, there are more _____ in cities.
예를 들어, 도시에 취업 기회가 더 많습니다.

Second, it's _____.
둘째, 더 매력적입니다.
For instance, there are more _____ and better public transportation systems.
예를 들어, 더 많은 오락과 더 나은 대중 교통 시스템이 있습니다.

These are the advantages.
이것들이 장점입니다.

Q33. What are the advantages of living in a small town?
작은 마을에 거주하는 것의 장점은 무엇입니까?

There are some advantages of living in a small town.
작은 마을에 거주하는 것의 장점은 몇 가지가 있습니다.

First, it's _____.
첫째, 비용 효율적입니다.
For example, I can save _____.
예를 들어, 생활비를 절약할 수 있습니다.

Second, it's _____.
둘째, 평화롭습니다.
For instance, small towns are usually quieter and less _____.
예를 들어, 작은 마을들은 보통 더 조용하고 덜 붐빕니다.

These are the advantages.
이것들이 장점입니다.

생활-사회

Q34. What are the advantages of working from home?
재택근무의 장점은 무엇입니까?

There are some advantages of working from home.
재택근무의 장점은 몇 가지가 있습니다.

First, it's _____.
첫째, 시간이 절약됩니다.
For example, we don't need to _____ to work.
예를 들어, 우리는 회사로 출근할 필요가 없습니다.

Second, it's _____.
둘째, 효율적입니다.
For instance, I can work and rest under _____.
예를 들어, 저는 제 스케줄에 따라 일하고 쉴 수 있습니다.

These are the advantages.
이것들이 장점입니다.

Q35. Do you think the government should develop more green spaces?
정부가 더 많은 녹지 공간 개발을 해야 한다고 생각하십니까?

I think the government should develop more green spaces for two reasons.
저는 두 가지 이유로 정부가 더 많은 녹지 공간을 개발해야 한다고 생각합니다.

First, it's _____.
첫째, 이롭습니다.
For example, it's helpful for people's mental and _____.
예를 들어, 사람들의 심신 건강에 도움이 됩니다.

Second, it's _____.
둘째, 가치가 있습니다.
For instance, green spaces improve local _____ and increase the town's _____.
예를 들어, 녹지 공간은 지역 환경을 개선하고 마을의 가치를 높입니다.

These are the reasons.
이것들이 이유입니다.

Q36. Do you think the government should fund cultural institutions?
당신은 정부가 문화 기관에 자금을 지원해야 한다고 생각합니까?

I think the government should fund cultural institutions for two reasons.
저는 두 가지 이유로, 정부가 문화 기관에 자금을 지원해야 한다고 생각합니다.

First, it's _____.
첫째, 유익합니다.
For example, they can hold _____ events for visitors.
예를 들어, 그들은 방문객들을 위해 더 나은 퀄리티의 행사를 열 수 있습니다.

Second, it's _____.
둘째, 도움이 됩니다.
For instance, museums and art galleries boost up _____.
예를 들어, 박물관과 미술관은 관광 사업을 활성화시킵니다.

These are the reasons.
이것들이 이유입니다.

Q37. What are the disadvantages of excessive workouts?
과도한 운동의 단점은 무엇입니까?

There are some disadvantages of excessive workouts.
과도한 운동의 단점은 몇 가지가 있습니다.

First, it's not _____.
첫째, 비효율적입니다.
For example, it is tiring and _____.
예를 들어, 피곤하고 힘듭니다.

Second, it's a _____.
둘째, 손해입니다.
For instance, it makes us physically _____.
예를 들면, 우리를 육체적으로 지치게 만듭니다.

These are the disadvantages.
이것들이 단점입니다.

Q38. What are the advantages of having a self-guided trip?
혼자 하는 여행의 장점은 무엇입니까?

There are some advantages of having a self-guided trip.
혼자 하는 여행의 장점은 몇 가지가 있습니다.

First, it's _____.
첫째, 자유롭습니다.
For example, I can change or cancel the _____ whenever I want.
예를 들어, 원할 때 언제든 일정을 변경하거나 취소할 수 있습니다.

Second, it's _____.
둘째, 편합니다.
For instance, I don't need to travel with other _____ or tour guides.
예를 들어, 나는 다른 여행자나 여행 가이드와 함께 여행할 필요가 없습니다.

These are the advantages.
이것들이 장점입니다.

Q39. What are the advantages of having a guided-tour?
가이드 투어의 장점은 무엇입니까?

There are some advantages of having a guided-tour.
가이드 투어의 장점은 몇 가지가 있습니다.

First, it's _____.
첫째, 편리합니다.
For example, tour guides usually give _____.
예를 들어, 투어 가이드들은 보통 이동 수단을 제공해 줍니다.

Second, it's _____.
둘째, 편합니다.
For instance, they know where to go and _____.
예를 들면, 가이드들은 어디를 가고 무엇을 구경해야 할 지 알고 있습니다.

These are the advantages.
이것들이 장점입니다.

✅ 예제 답변

- **Q1.** skillful / fewer mistakes / achieve goals / fast / solve problems
- **Q2.** crucial / positive atmosphere / less pressure / helpful / teamwork / cooperate
- **Q3.** efficient / more important / optimal / multitask
- **Q4.** useful / challenges / achievements / inspiring / motivator / actively
- **Q5.** practical / clearly / misunderstandings / professional / good impression / reputation
- **Q6.** helpful / job satisfaction / optimistic mood / motivating / a sense of fulfillment
- **Q7.** practical / perspectives / strong career / efficient / flexibility
- **Q8.** important / positive mindset / professional / perform better / recognition
- **Q9.** satisfying / enjoy / content / motivating / values
- **Q10.** beneficial / roles and responsibilities / helpful / networking
- **Q11.** useful / efficiency / organized / cost-effective / printing
- **Q12.** stressful / suffer / stressed out / frustrating / unhappy
- **Q13.** helpful / social skills / essential / altruism
- **Q14.** crucial / relieve stress / beneficial / good mood / exam
- **Q15.** helpful / creativity / beneficial / emotions
- **Q16.** effective / school subjects / refreshing / relieve stress
- **Q17.** practical / computer skills / beneficial / learning techniques
- **Q18.** crucial / modern world / science / practical / better college
- **Q19.** crucial / foreign language skills / critical / qualification
- **Q20.** motivating / success / inspiring / succeed
- **Q21.** helpful / engaged / effective / feedback
- **Q22.** practical / they like / beneficial / college
- **Q23.** helpful / foreign language / valuable / job opportunities
- **Q24.** effective / serious / educational / rules
- **Q25.** essential / energy / convenient / they want
- **Q26.** efficient / multitask / convenient / anytime, anywhere
- **Q27.** fast / immediately / clear / miscommunication
- **Q28.** cost-effective / tutorials / convenient / anytime
- **Q29.** accurate / detailed / trustworthy / journalists
- **Q30.** beneficial / lifelong friends / convenient/ easier
- **Q31.** exciting / new people / wise / better environment
- **Q32.** beneficial / job opportunities / appealing / entertainments
- **Q33.** cost-effective / living expenses / peaceful / crowded
- **Q34.** time-saving / commute / efficient / my schedule
- **Q35.** beneficial / physical health / valuable / environment/ value
- **Q36.** beneficial / better-quality / helpful / tourism business
- **Q37.** efficient / demanding / loss / exhausted
- **Q38.** flexible / schedule / comfortable / travelers
- **Q39.** convenient / a ride / easy / what to see

TEACHER K

5일만에 끝내는 제인의 토익스피킹 콤보북 스타터

Copyright ⓒ 2022 All rights reserved by (주)티처케이

초판 1쇄	2022.08.01
저자	정하진
펴낸곳	(주) 티처케이
출판총괄	권성경, 이나영
편집총괄	김효정
디자인	편집디자이너 표소영
홈페이지	http://teacherk.kr
주소	서울특별시 강남구 역삼동 827-82번지 와이엔케이빌딩 2층
도서문의 안내	전화 070-8856-0487
	팩스 0504-842-0487
	이메일 teacherk@teacherk.kr
ISBN	979-11-973798-9-5 (13740)